THE PRE-MODERN
HISTORY
OF
KOREA

한국 전근대사로 배우는 한국어

Politics, Economy, Culture and Women
(from the early era to 1910)

KOREAN READING SKILLS IN CONTENT AREAS: HISTORY

THE PRE-MODERN HISTORY OF KOREA

한국 전근대사로 배우는 한국어

Politics, Economy, Culture and Women (from the early era to 1910)

Written by   Chan Young Park & Hyejoo Back
Edited by   Eugene Lee, Soyeon Moon, Soo Jung Sung, Hoon-Ui Jeong
Designed by   Mikyoung Wi, Euna Seo

Published by Kong & Park, Inc.
85 Gwangnaru-ro 56-gil, Gwangjin-gu, Seoul, 05116 Rep. of Korea
info@kongnpark.com
Tel +82 (0)2 565 1531
Fax +82 (0)2 6499 1801
www.kongnpark.com

Simultaneously published in the USA by Kong & Park USA, Inc.
1440 Renaissance Drive, Suite 430, Park Ridge, IL 60068, USA
usaoffice@kongnpark.com
Tel +1 847 241 4845
Fax +1 312 757 5553
www.kongnpark.com

1st Published July 25, 2023
2nd Printing November 1, 2025
Printed in Korea

ISBN 978-1-63519-055-7 52995
Library of Congress Control Number: 2023941819

※ Visit the www.kongnpark.com website to download more teaching resources.

THE PRE-MODERN HISTORY OF KOREA

한국 전근대사로 배우는 한국어

Politics, Economy, Culture and Women
(from the early era to 1910)

Chan Young Park, Hyejoo Back

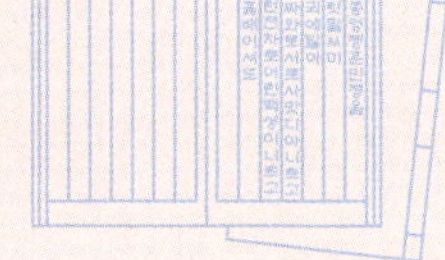

KONG & PARK

　고급 한국어 수업에서 문학과 시사를 가르치면서 외국 학생들이 한국의 문학과 사회를 온전히 이해하려면 한국 역사에 대한 지식이 필요하다는 생각을 많이 했습니다. 그러나 외국 학생들에게 한국어로 역사를 가르칠 만한 마땅한 교재를 찾기가 쉽지 않았습니다. 그러던 중에 UMass가 소속된 5개 대학 연합인 Five Colleges Inc.에서 Innovative Pedagogy Grant를 받게 되어서 역사 수업 교재를 집필하게 되었습니다. Five Colleges의 Grant가 아니었더라면 역사책을 써야겠다는 생각을 실천에 옮기기 쉽지 않았을 것인데, 덕분에 이 책이 나오게 되었음에 감사드리고, 당시 Five College Executive director였던 Dr. Neal Abraham의 적극적인 지원에 감사를 드립니다.

　이 책은 한국의 전근대 역사와 한국어라는 두 마리의 토끼를 잡는 것을 목표로 삼았습니다. 즉, 학생들이 역사를 공부하면서 한국어 수준도 향상되도록 구성하였습니다. 역사는 선택적 기록인 만큼 과거의 일을 모두 기록할 수 없으며, 사가들이 기록할 만하다고 생각한 것들을 추려서 기록한 것이 역사책이기 때문에 온전히 중립적일 수 없습니다. 따라서 한국의 긴 역사를 짧은 시간에 소개하는 책을 쓰면서 무엇을 넣고 무엇을 넣지 않을지, '한국어를 배우는 학생들에게 필요한 역사 지식은 과연 무엇일까.'라는 고민을 끊임없이 했습니다.

　인터넷에서 쉽게 정보를 찾을 수 있는 세상에서 학생들이 배워야 할 것은, 역사 속의 사건들을 균형 잡힌 시각으로 바라보고 현재와 미래의 삶에 적용할 수 있는 능력을 키우는 것입니다. 이에 한반도의 긴 역사를 축약하여 주제별로 나누어 쓰인 간략한 본문을 읽고 자신의 의견을 이야기해 볼 수 있도록 구성했습니다. 이 책을 통해 과거의 중요한 사건들과 그 사건들이 현재에 끼치는 영향과 미래를 살아갈 우리에게 주는 의미에 대해서 깊이 생각해 보고 서로 의견을 나누어 볼 수 있기를 바랍니다.

본문의 내용은 최대한 한국어 고급반 학생들의 수준에 맞추려고 노력했습니다. 고급반 수준의 범주가 넓다 보니 이 책이 조금 어렵게 느껴질 학생들도 있을 것입니다. 그러나 장을 거듭할수록 앞 장에서 배운 단어가 반복되어 나오기 때문에 조금씩 더 익숙해지고 쉬워지므로 포기하지 말고 끝까지 공부해 주기를 바랍니다.

한국어 교육자로서 역사를 텍스트로 한국어 교재를 쓴다는 것은 용기가 필요한 도전이었으나, 당시 남가주 대학교(University of Southern California)에 계시던 역사학과 황경문 교수님께 자문을 받은 덕분에 순조롭게 책의 초기 원고를 완성할 수 있었습니다. 처음 시작 단계부터 책의 구성과 장에 포함시킬 내용 및 각 토의 문제 등 전체적인 방향을 잡아 주시고 원고의 내용을 감수해 주신 황경문 교수님께 감사의 인사를 드립니다.

또한 처음 원고를 완성하고 난 후, 교재로 출판하기까지 애써 주신 여러분들께 감사합니다. 특히 책의 완성도를 위해 애써 주신 공앤박 출판사와 역사적 내용을 재확인하고 추천사를 써 주신 주진오 교수님께도 심심한 감사 인사를 드립니다.

마지막으로 이 책은 한국의 전근대(보통 1910년까지)의 역사를 기술했지만 필요에 따라 근대, 현대의 역사도 간단하게 언급하였습니다. 아무쪼록 이 책과 함께 즐거운 한국의 전근대 여행을 이루시길 바랍니다.

2023년 7월

박찬영, 백혜주 씀.

	주제	학습 목표	소주제(소단원)	어휘와 표현
1장	정치와 군사 Politics and Military	1. 한국의 전근대 정치와 군사에 대해 서술한 글을 읽고 이해할 수 있다. 2. 한반도와 주변에서 생겨나고 소멸된 한국의 여러 나라에 대한 글을 읽고 이야기할 수 있다.	• 삼국 시대 • 신라의 삼국 통일과 발해 • 불교와 유교의 영향 • 고려의 건국과 신라의 멸망 • 무신 정치, 그리고 고려의 멸망 • 조선의 건국과 몰락	• N+와/과 손을 잡다 • N+(으)로써 vs. N+(으)로서 • N+을/를 심심치 않게 볼 수 있다 • V+아/어 버리다 • N+에 의해
2장	대외 관계 Foreign Relations	1. 한국의 전근대 대외 관계에 대해 서술한 글을 읽고 이해할 수 있다. 2. 한국의 전근대 국가들이 주변 나라들과 어떤 영향을 주고받았는지 관련 글을 읽고 이야기할 수 있다.	• 삼국 시대와 중국 • 통일 신라와 당나라 • 발해와 당나라 • 고려와 요나라, 그리고 금나라 • 고려와 몽골 • 조선과 일본, 그리고 청나라 • 조선의 문호 폐쇄	• N+(이)라고 여기다 • 역사의 뒤안길로 사라지다 • N+당하다 • V+고 말았다
3장	종교와 사상 Religion and Philosophy	1. 한국의 전근대 종교와 사상에 대해 서술한 글을 읽고 이해할 수 있다. 2. 한국인에게 영향을 미친 종교와 사상 등에 대한 글을 읽고 이야기할 수 있다.	• 종교와 한국인의 삶 • 토착 신앙 • 삼국과 통일 신라의 불교 • 고려의 유교, 불교, 풍수지리 사상 • 조선의 유교 • 천주교와 동학	• N+에 비추어 보다 • 알게 모르게 • V+기 위한 목적으로 • 엎친 데 덮친 격으로
4장	사회 Society	1. 한국의 전근대 사회 신분제에 대해 서술한 글을 읽고 이해할 수 있다. 2. 한국에서 신분 제도가 어떻게 변해 왔는지 이야기할 수 있다.	• 신분 제도와 전근대 사회 • 삼국 시대와 통일 신라의 신분 제도와 사회상 • 고려의 신분 제도와 사회상 • 조선의 신분 제도와 사회상	• N+(으)로 보이다 • N+에도 불구하고

	주제	학습 목표	소주제(소단원)	어휘와 표현
5장	경제 Economy	1. 한국의 전근대 경제에 대해 서술한 글을 읽고 이해할 수 있다. 2. 한국의 전근대 역사상 일어난 경제 활동에 대한 글을 읽고 이야기할 수 있다.	• 한반도의 지리적 특성 • 삼국 시대의 경제 • 통일 신라와 장보고 • 고려의 경제 • 조선의 경제 • 경제와 노비 제도	• V+(으)ㄹ 만하다 • 장벽을 뛰어넘다 • 안간힘을 다하다
6장	여성과 가족 Women and Families	1. 한국의 전근대 여성과 가족에 대해 서술한 글을 읽고 이해할 수 있다. 2. 한국 사회에서 여성의 지위와 삶에 대한 글을 읽고 이야기할 수 있다.	• 한국의 전근대사와 여성 • 삼국 시대의 결혼과 여성들 • 고려의 여성들 • 조선 시대 유교와 여성들 • 특별한 여성 계층 • 여성들과 한글	• N+에 기여하다 • 대등한 위치이다 • 자리를 잡다 • N+을/를 엿볼 수 있다 • 숨조차 제대로 쉬지 못하다
7장	문화 Culture	1. 한국 전근대 문화에 대해 서술한 글을 읽고 이해할 수 있다. 2. 한국 전근대 문화적 특징과 문화유산 등에 대한 글을 읽고 이야기할 수 있다.	• 문화의 발달 • 불교와 유교의 영향과 문학 • 한글 창제와 대중문화의 발전 • 조선 후기 대중문화 • 인쇄술의 발전 • 교육	• N+의 바탕이 되다 • N+(으)로 알려져 있다 • 마음을 어루만지다 • N+에 비해서
8장	민족의식과 정체성 National Consciousness and Identity	1. 한국의 민족의식과 정체성에 대해 서술한 글을 읽고 이해할 수 있다. 2. 한국 민족의식 및 정체성과 관련한 글을 읽고 이야기할 수 있다.	• 단일 민족 개념의 생성 • 민족과 민족주의 • 삼국의 동족 의식 • 통일 신라와 단일 민족의식 • 고려의 공동체 의식 • 조선과 민족의식	• 마치 N+처럼 • 눈여겨볼 만하다 • N+에 관하여(관한) • N+을/를 위해 힘을 모으다

각 장은 주제별로 제시되어 있습니다.
각 장에서는 해당 주제를 중심으로 전근대사를 통시적으로 접근합니다.
Each chapter is presented by themes. In each chapter, we approach pre-modern history in a chronological manner, focusing on the respective theme.

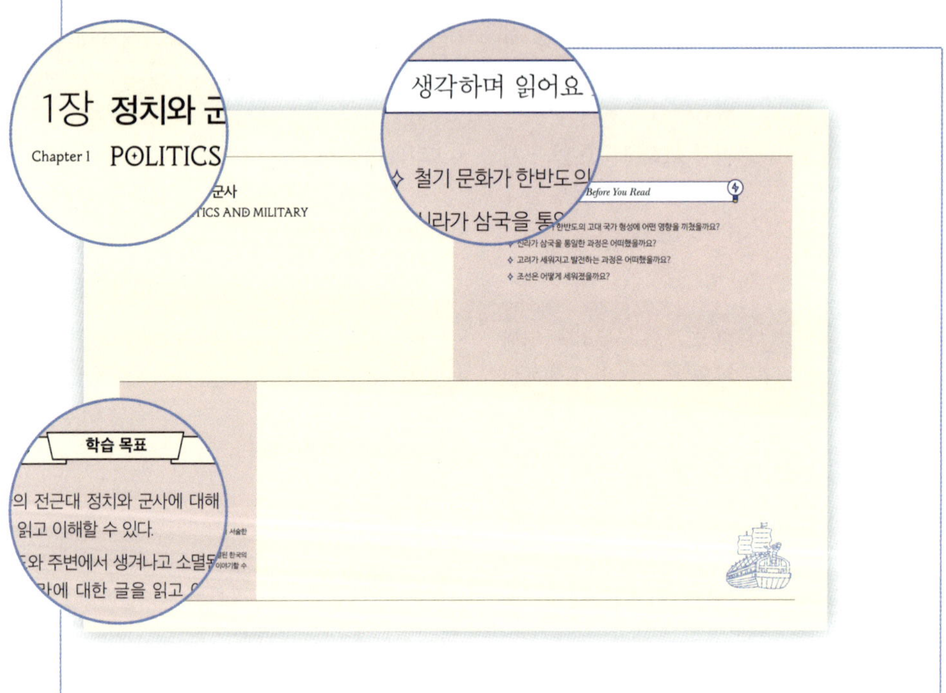

본문을 읽기 전에 학생들이 본문의 내용에 대해 생각해 볼 수 있도록 질문을 제공합니다. 또, 본문을 통해 무엇을 배울지 목표를 가지고 본문의 핵심 내용과 맥락을 잘 따라가며 읽을 수 있도록 도와줍니다.
This book provides students with questions that allow them to think about the content of the text before reading the main text. By doing so, it helps students to set goals for what they will learn through the text and follow the key points and context of the text, enabling them to read it efficiently.

각 장의 학습 목표를 알려 줍니다.
It informs students of the learning objectives for each chapter.

각 장의 본문은 소단원으로 나누어 핵심 내용을 파악하기 쉽게 하였고, 한번에 읽기 쉬운 분량으로 구성하였습니다.
Each chapter of the main text is divided into subsections, making it easy to grasp the key content. It is designed to be read in a single session.

각 소단원 학습 후에 그 소단원에서 소개된 어휘를 복습해 볼 수 있는 문제들을 제공하여 중·고급 한국어 어휘 습득에 도움이 되도록 하였습니다.
After each subsection, we provide exercise questions that allow for reviewing the vocabulary introduced in that subsection, aiming to assist the acquisition of advanced Korean vocabulary.

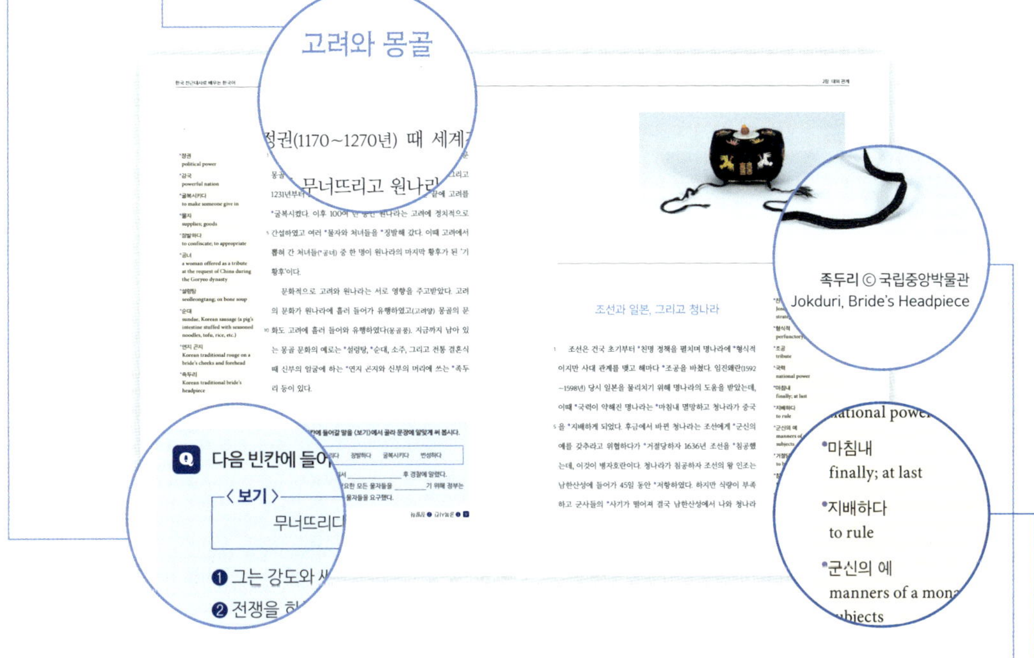

본문의 내용 이해를 돕기 위해 그림 또는 사진 자료를 제공하고, 이에 대한 설명은 각 장의 마지막 'For Your Information' 섹션에서 국문과 영문으로 덧붙였습니다.
To aid in understanding the content of the main text, we provide pictures or visual materials, and for further explanation, additional details in both Korean and English can be found in the final section of each chapter, titled 'For Your Information section.'

본문의 내용을 잘 파악할 수 있도록 중·고급 어휘들을 선별하여 국문과 영문을 함께 제시했습니다.
이때 중·고급 한국어 어휘 선별은 '국제 통용 한국어 표준 교육과정'을 참고하였습니다.
To facilitate a better understanding of the content, we present both Korean and English translations for intermediate and advanced vocabulary in the main test. For the selection of intermediate and advanced vocabulary words in the 'Vocabulary' section, we referred to the 'Standard Curriculum for Korean Language.'

'Vocabulary' 섹션에서 ' 어휘 '는 본문에 소개된 어휘 중 필수 학습 어휘 및 고급 수준의 단어를 선별하여 예문과 함께 제시했습니다. 또 문맥상 해당 어휘들이 어떻게 사용되는지 용례를 보고 습득할 수 있도록 구성하였습니다.
In the 'Vocabulary' section, the ' 어휘 ' subsection selects essential vocabulary and advanced-level words introduced in the main text, providing example sentences to illustrate how these words are used in context. This allows students to see usage examples and acquire them effectively.

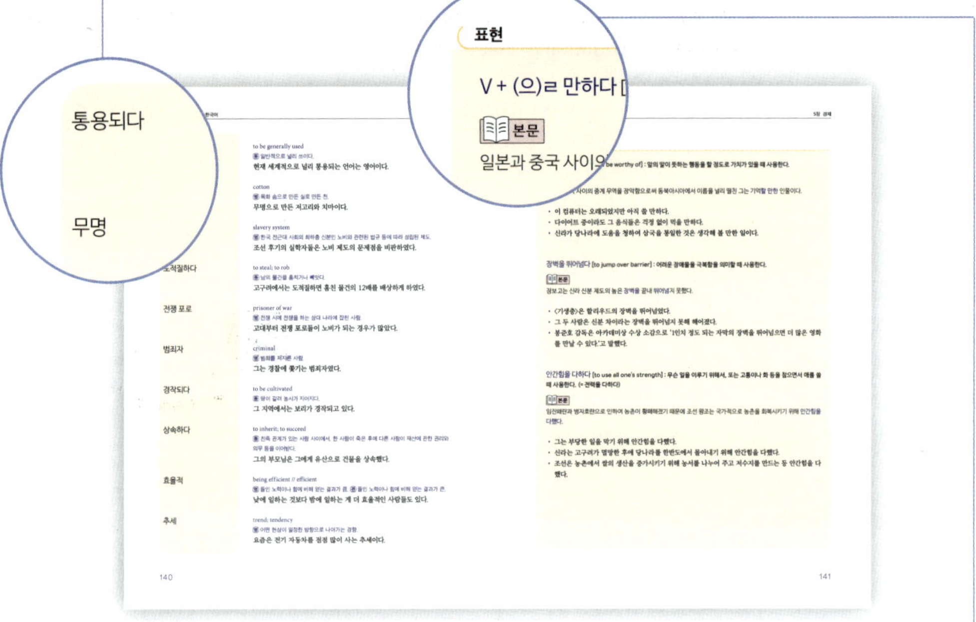

'Vocabulary' 섹션에서 ' 표현 '은 본문에서 사용된 관용적 표현이나 흥미로운 표현들을 다양한 예문과 함께 제시하여 용법을 익힐 수 있도록 하였습니다.
In the 'Vocabulary' section, the ' 표현 ' subsection selects idiomatic expressions or interesting phrases used in the main text, providing various example sentences to help students become familiar with their usage.

※ 본문 내 어휘는 해당 문장을 이해할 수 있도록 영문으로 제시하였습니다. 한편 'Vocabulary' 섹션에서 ' 어휘 '의 품사는 한국어를 기준으로 제시하였습니다.
이때 명사는 명, 동사는 동, 형용사는 형, 부사는 부, 관형사는 관으로 표기하였습니다.
(한국어에서 '보편적, 적극적'과 같이 '-적'으로 끝나는 어휘는 명사 또는 관형사로 기능하므로 'Vocabulary' 섹션에서는 두 가지 뜻을 밝히되, 본문에서는 문장 내 문법적 기능에 따른 품사에 기준하여 영문을 제시하였습니다.)
The Vocabulary definitions on each page of the main text are presented in English to facilitate understanding of the setences. In the ' 어휘 ' subsection of the 'Vocabulary' section, the part of speech for each word is presented based on the Korean language.
For this, nouns are marked as 명, verbs as 동, adjectives as 형, adverbs as 부, and determiners as 관.
(In Korean, vocabulary ending with '-적' as in '보편적, 적극적' functions as a noun or determiner. Therefore, both meanings are presented in the 'Vocabulary' section, but in the main text, the English definition is presented based on the part of speech determined by the grammatical function within the sentence.

'Wrap UP'을 통해 본문의 내용에 대한 이해를 확인해 볼 수 있습니다.
또한 질문을 읽고 답하는 과정을 통해 본문의 내용을 복습할 수 있는 기회를 제공합니다.
'Wrap Up' is meant to assess one's understanding of the content in the main text. It also provides an opportunity to review the main text by reading and answering questions.

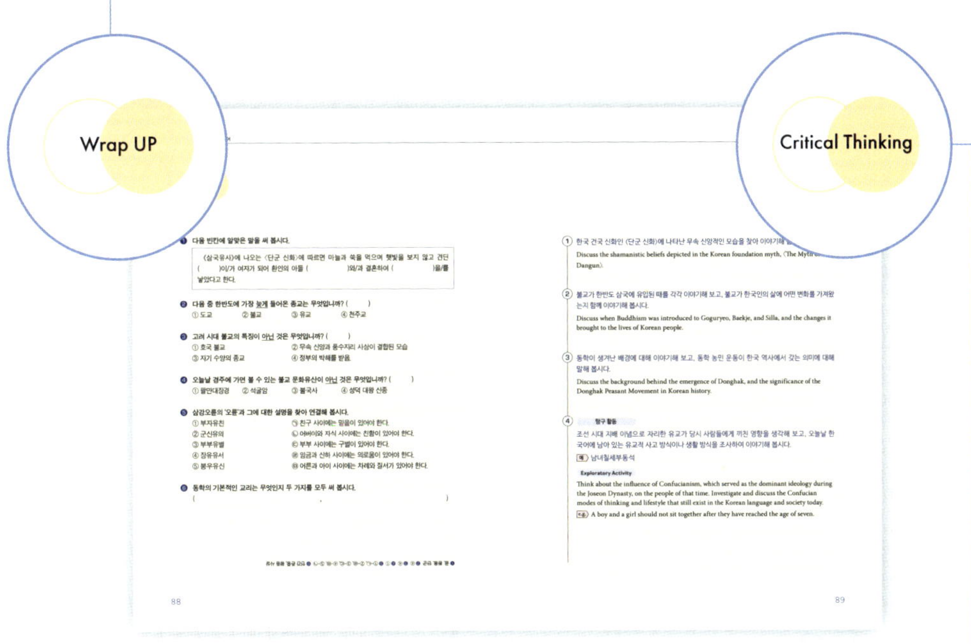

'Critical Thinking'을 통해 각 장의 주제적 내용에 대한 이해를 확인할 수 있습니다.
이때 쓰기와 말하기 활동을 활용할 것을 추천합니다. 질문에 대한 학생 각자의 의견을 쓰고 수업 시간에 다른 학생들과 짝을 지어 의견을 나눈 후, 각 그룹별 의견을 정리하여 반 전체에 발표하는 밀하기 활동으로 진행하길 권합니다.
특히 3, 6장에 있는 'Exploratory Activity'는 학생이 본문 외에 추가로 자료를 찾아보고 조사하여 답을 찾는 활동입니다. 수업 전에 미리 안내하여 연구 과제로 사용하길 추천합니다.
'Critical Thinking' is meant to assess one's understanding of the thematic content of each chapter. It is recommended to use this for writing and speaking activities. In other words, students can first write their own opinions on the questions individually, then pair up with other students during class to discuss their opinions. They can then organize the opinions of each group and present them to the entire class as a speaking activity.
The 'Exploratory Activity' in Chapter 3 and 6 involves students finding additional resources, conducting research, and seeking answers beyond the main text. It is recommended to be used as a research project with the provision of advance guidance before the class.

Contents

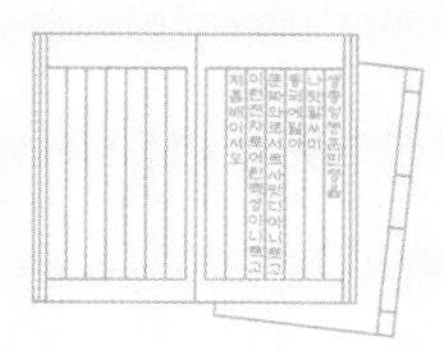

1장 정치와 군사

Chapter 1 POLITICS AND MILITARY

1. 한국의 전근대 정치와 군사에 대해 서술한 글을 읽고 이해할 수 있다.

2. 한반도와 주변에서 생겨나고 소멸된 한국의 여러 나라에 대한 글을 읽고 이야기할 수 있다.

✧ 철기 문화가 한반도의 고대 국가 형성에 어떤 영향을 끼쳤을까요?

✧ 신라가 삼국을 통일한 과정은 어떠했을까요?

✧ 고려가 세워지고 발전하는 과정은 어떠했을까요?

✧ 조선은 어떻게 세워졌을까요?

삼국 시대

1　한국 역사상 •최초의 국가로 기록된 고조선 시대부터 •한반도에 본격적으로 •철기 문화가 •보급되었다. 이로 인해 •농업 생산력과 군사력이 증가하여 자연스럽게 여러 •부족 국가들이 생겨났다. 이들 중 가장 •강력했던 고구려, 백제, 신라의 삼국은 왕

5　을 중심으로 하는 •중앙 집권제를 갖추고 주변 부족 국가를 •통합하여 고대 국가로 성장하였다. 이러한 •과정에서 한강 지역은 •지리적·정치적으로 아주 중요한 역할을 했는데, 전쟁에서 승리하여 한강 지역을 차지한 국가마다 이 지역을 중심으로 •번영했다. 삼국 중 처음으로 한강 지역을 차지한 백제는 한강을 통하여

10　들어온 중국의 많은 •선진 문물을 일본으로 전해 주었고, 특히 근초고왕은 많은 지식인을 일본으로 보냈다.

　고구려는 지리상 중국과 •국경을 •접하고 있었기 때문에 항상 전쟁의 위협에 •노출되어 있었으며, 실제로 수많은 •전쟁을 치렀다. 광개토 대왕(•재위 391~412년)과 장수왕(재위 412~491년) 때

15　는 영토를 크게 확장하여 당시 동북아시아에서 강한 나라로 떠올랐다.

•최초
the first; the beginning

•한반도
the Korean Peninsula

•철기 문화
Iron Age culture

•보급되다
to spread; to be disseminated

•농업 생산력
agricultural productivity

•부족 국가
tribal state

•강력했던
powerful

•중앙 집권제
centralism

•통합하다
to integrate

•과정
process

•지리적으로
geographically

•번영하다
to prosper

•선진 문물
advanced culture

•국경
national border

•접하다
to border

•노출되다
to be exposed; to be disclosed

•전쟁을 치르다
to fight a war

•재위
being on the throne

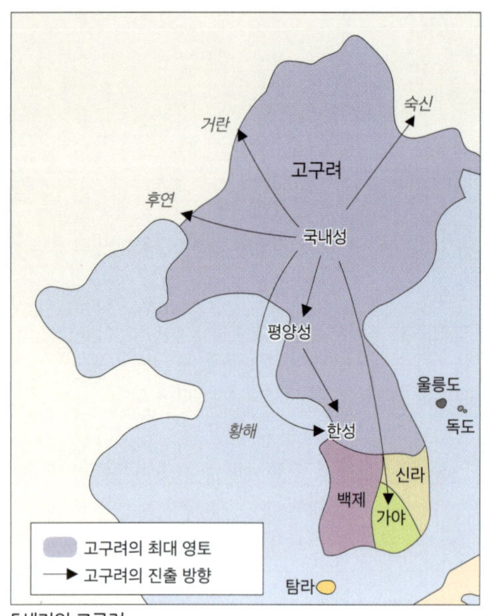

5세기의 고구려
5th-century Goguryeo

•분열하다
  to be divided

•엄청난
  enormous; stupendous

•추정되다
  to be assumed; to be estimated

•물리치다
  to defeat; to repulse

•전투
  battle

그 무렵 오랫동안 •분열해 있던 중국을 통일한 수나라는 고구려를 여러 차례 공격했는데, 모두 실패했다. 수나라가 두 번째로 고구려를 공격했을 때(612년)는 113만 명이 넘는 •엄청난 수의 군대가 고구려로 몰려왔다. 그러나 수나라는 고구려의 요동성을 차지하지 못하였고, 따로 30만 명을 뽑아 고구려의 수도인 평양성을 공격하게 하였다.

을지문덕 장군이 이끈 고구려 군사들은 이들을 살수(지금의 청천강으로 •추정된다)에서 크게 •물리쳐 겨우 2,700명 정도만 살아서 돌아가게 만들었다. 이 •전투를 '살수 대첩'이라고 한다. 을

지문덕은 한국 역사에서 훌륭한 장군 중 한 명으로 •꼽힌다.

　고구려를 상대로 여러 번의 전쟁을 치르면서 쓴 •막대한 비

용은 수나라를 망하게 만든 주요 원인이 되었다. 수나라에 이어

중국을 차지한 당나라도 여러 차례 고구려를 공격하였다. 특히

30 645년에 당나라의 •황제가 직접 군사를 •이끌고 고구려를 공격

하여 여러 성을 •점령하였으나, 안시성에서 패하여 물러갔다.

•꼽히다
to be counted

•막대한
huge; enormous

•황제
emperor

•이끌다
to lead; to guide

•점령하다
to occupy

Q 다음 단어와 같은 뜻을 찾아 연결해 봅시다.

❶ 최초　　　　　　① 나라의 경계.

❷ 국경　　　　　　② 갈라져 나뉘다.

❸ 분열하다　　　　③ 가장 처음.

신라의 삼국 통일과 발해

1　삼국 중에서 가장 늦게 •전성기를 맞이한 신라는 백제와 고구

려의 끊임없는 공격을 견디다가, 당나라와 •손을 잡고 먼저 백제

를 •멸망시켰다(660년). 이때 고구려는 수나라와 당나라의 •연이

은 •침략에 •맞서 싸우느라 이미 약해질 대로 약해져 있었고 지

5 도층도 분열된 상태였다. 이 틈에 신라는 당나라와 함께 고구려

를 공격했으며, 그동안의 여러 침략에도 •굴하지 않고 •꿋꿋이

버티던 고구려는 •마침내 무너졌다(668년). 당시 신라의 삼국 통

•전성기
prime; golden age

•손을 잡다
to work together

•멸망시키다
to destroy

•연잇다
to continue; to persist

•침략
aggression; invasion

•맞서 싸우다
to fight against

•굴하다
to submit; to yield

•꿋꿋이
firmly; strongly

•마침내
finally; at last

19

*태종
taejong, the king as excellent
as the founder of a dynasty

*뛰어난
outstanding

*무장
commander; general

*과업
task; duty

*후대
future generations

*평가
evaluation; assessment

*외세
foreign power

*동족
people of same ethnicity

일 과정에서 중요한 역할을 한 인물이 몇 명 있는데, 선덕 여왕의 조카로 *태종 무열왕이 된 김춘추와 그의 아들인 문무왕, 당대

10 의 *뛰어난 *무장이었던 김유신 장군 등이다.

이렇게 신라는 삼국 통일의 *과업을 이루었지만, *후대에 부정적인 *평가를 받기도 했다. *외세인 당나라의 힘을 빌려 *동족을 공격했다는 점 때문이다. *한민족의 고대 문명을 대표할 만큼 *진취적이고 *자주적인 고구려를 멸망시켰다는 점 외에도, 통일

15 과정에서 고구려의 옛 *영토 대부분을 잃어버렸기 때문에 진정한 통일이라고 볼 수 없다고 평가하는 역사가도 있다.

경주 김유신 묘와 십이지 신상 ⓒ 문화재청
Tomb of Kim Yu-sin, Gyeongju
The Zodiacal Figure(Twelve Zodiac Animal Deities in Relief)

한편, 고구려를 *계승한다며 일어나 잃어버린 고구려의 옛 영토 대부분을 회복한 발해가 신라의 삼국 통일에서 부족했던 점을 채워 주었다고 말하는 역사가도 있고, 발해가 통일 신라와 함 20 께 남북국 시대를 열었다고 말하는 역사가도 있다.

*한민족
the Korean race

*진취적
progressive

*자주적
independent

*영토
territory; domain

*계승하다
to inherit; to succeed to

Q 다음 문장의 빈칸에 공통적으로 들어갈 말을 써 봅시다. (   )

- 그는 오랜 무명 시절을 지나 현재 배우 인생의 __________을/를 맞고 있다.
- 내 인생의 __________은/는 아직 오지 않았다. 나는 앞으로 더 잘 될 것이다.

A 전성기

Q 다음 빈칸에 들어갈 말을 〈보기〉에서 골라 문장에 알맞게 써 봅시다.

〈 **보기** 〉

손을 잡다   굴하다   꿋꿋이   연잇다

❶ __________ 실패에도 __________지 않고 그는 __________ 버티며 노력한 끝에 결국 성공하였다.

❷ 그 사람은 진취적인 사람이라는 평가를 받았는데, 종종 잘 모르는 사람들과도 __________고 새로운 일들을 성공시켰다.

A ❶ 연이은, 굴하, 꿋꿋이 ❷ 손을 잡

•불교와 유교의 영향

•불교
Buddhism

•유적
remains; ruins

•경
about; around

•귀족
the nobility

•지배 계급
the ruling class

•세력
power; influence

•유대 관계
bonding

•결탁하다
to conspire; to collude

•유지하다
to maintain; to keep

•후원하다
to support; to sponsor

•꾀하다
to attempt

•승려
Buddhist monk (priest)

•원효 대사
the Great Buddhist Monk
Wonhyo

•계층
class; stratum

•대중화하다
to popularize

•지탱하다
to support; to sustain

•사상
thought; idea

•학풍
academic tradition;
academic lineage

•통치
rule; reign

1   삼국과 통일 신라는 문화적으로나 과학 기술적으로 눈부신 발전을 이루었다. 삼국은 고대 국가로 발전하는 과정에서 중국으로부터 불교와 유교를 받아들였다. 삼국과 통일 신라의 예술은 불교를 중심으로 발달했는데, 신라의 수도였던 경주에 지금도 남아 5 있는 석굴암, 불국사 등 수많은 •유적에서 그것을 확인할 수 있다.

  불교는 인도에서 시작되어 4세기•경에 중국을 통해 삼국에 전해졌다. 삼국의 왕족이나 •귀족과 같은 •지배 계급은 불교 •세력과 •유대 관계를 맺고 •결탁하여 권력을 •유지하고자 했다. 특히 국가가 앞장서서 불교를 •후원하고, 왕이 곧 부처라고 하며 국 10 가 권력의 중앙 집권화를 •꾀했다. 통일 신라의 •승려인 •원효 대사는 지배 •계층 중심의 불교를 •대중화했다.

  유교도 불교와 더불어 고대 국가를 •지탱하는 중요한 •사상이었다. 유교의 새로운 •학풍인 성리학은 고려 다음에 세워진 조선 500여 년 동안 •통치 이념으로 유지되었다.

Q 다음 〈보기〉의 밑줄 친 표현 대신 쓸 수 있는 말을 골라 봅시다.

┌─ 〈 **보기** 〉 ─
그는 <u>정치적으로 힘이 강한 사람들</u>과 손을 잡기 위해 정치인들이 많이 사는 동네로 이사를 갔다.

① 정치 세력   ② 정치 무리들   ③ 정치가   ④ 정치 계급

① A

고려의 *건국과 신라의 멸망

신라는 삼국을 통일한 후 통치 조직을 *정비하여 사회의 안정을 이루었다. 그러나 왕족의 *왕위 다툼으로 인해 심각한 *진통을 겪게 되는데, 통일 신라 후반 150여 년 동안 왕이 열아홉 번이나 바뀌었다는 사실이 이를 증명한다. 지방에서도 *반란이 자주 일어나서 신라 말기에는 수도 경주 일대를 *제외하고는 더 이상 *왕권이 지방에 영향을 끼치지 못하는 상황에 이르렀다. 이때를 노려 *지방 호족들과 *해상 세력들이 성장하였는데, 바다의 왕이라고 불린 '장보고'가 그 예이다.

고려를 건국한 것은 이러한 지방 호족들이었다. 918년 고려를 건국한 *태조 왕건은 지방 호족의 딸 29명과 결혼하고 그들의 세력과 협력하여 왕을 중심으로 한 중앙 집권제를 한층 더 *강화했다. 고려 왕조는 승려들을 *대상으로 하는 '승과'라는 국가 시험 제도를 실시하였고, 때로는 왕의 *자문 역할을 맡겨 불교에 *막강한 권력을 *부여했다. 엄청난 규모의 '팔관회'나 '연등회' 같은 불교 행사를 해마다 국가적인 차원에서 개최하였다.

태조 왕건이 *후세의 왕들에게 남긴 〈훈요십조〉에서 볼 수 있듯이 고려 시대에는 *풍수지리 사상이 유행하기도 하였다. 풍수지리 사상은 1135년 고려에 엄청난 *파장을 가져온 '묘청의 *난'의 중요한 배경이 되었다.

---

*건국
founding a country

*정비하다
to align; to maintain

*왕위
throne

*진통을 겪다
to experience labor pains

*반란
revolt; uprising

*제외하다
to exclude

*왕권
royal authority; regal power

*지방 호족
powerful local family

*해상 세력
maritime power

*태조
taejo, founder (of a dynasty)

*강화하다
to strengthen; to fortify

*대상
object; target

*자문
request for advice

*막강한
powerful; strong

*부여하다
to grant; to give

*후세
future generations

*풍수지리 사상
theory of divination based on topography

*파장
stir; impact; wavelength

*난
rebellion

•무신
a military subject

•무력
military force

•정권
political power

•쿠데타를 일으키다
to stage a coup

•유착 관계
close relationship

•무신 정치, 그리고 고려의 멸망

1　　세계 역사에서도 그랬고 한국의 현대사에서도 그랬듯이, 한국의 전근대사에서도 •무력으로 •정권을 빼앗음으로써 새로운 역사의 장이 열리곤 했다. 예를 들면, 통일 신라 후기에 후백제를 세웠던 견훤과, 후고구려를 세웠던 궁예, 그리고 고려를 세웠던

5　왕건은 •쿠데타를 일으켜서 새로운 나라를 세운 인물들이다. 이들처럼 고려 말 이성계 장군도 쿠데타를 일으켜서 조선을 건국함으로써 첫째 임금인 태조 이성계가 되었다. 이들은 새로운 나라를 세우기 위해 쿠데타를 일으켰지만, 같은 나라 안에서 왕위를 빼앗기 위해 쿠데타를 일으킨 예 또한 삼국 시대나 통일 신

10　라, 고려, 그리고 조선에서 심심치 않게 볼 수 있다.

　　이렇듯 한국의 전근대사에서 군사력과 정치적 권력은 거의 항상 •유착 관계였으나, 고려 시대 중기에는 예외였다. 전쟁이 없

는 평화로운 시대가 오래 계속되자 •문신은 무신을 •천대했고, 결국 1170년 무신들이 반란을 일으켰다. 그리고 그 이후 거의
15 100년 동안 무신들의 •독재 정치가 지속되었다. 13세기 후반 •무능과 •부패를 •거듭한 무신들의 독재 정치 속에서 고려는 계속된 •몽골의 •침입에 •굴복하여 이후 약 100년간 원(몽골이 세운 나라)의 •간섭을 받았다. 고려 말에 공민왕은 원의 간섭으로 인해 발생한 여러 문제를 해결하기 위해 개혁 정치를 실시하였으나 결
20 국 실패하였다. 이후 또 다른 쿠데타가 발생하였는데, 이것이 바로 새로운 •왕조 조선을 건국한 이성계 장군의 '위화도 회군'이었다.

•문신
civil servant

•천대하다
to contempt; to scorn; to despise

•독재
dictatorship; autocracy

•무능
inability; incapability

•부패
corruption

•거듭하다
to repeat

•몽골
Mongolia

•침입
invasion

•굴복하다
to submit; to give in

•간섭을 받다
to receive interference

•왕조
dynasty

Q 다음 빈칸에 들어갈 말을 〈보기〉에서 골라 문장에 알맞게 써 봅시다.

〈 보기 〉
천대하다　　거듭하다　　간섭을 받다　　부여하다

❶ 그 사람이 노비였기 때문에 많은 사람들이 그를 ______________.
❷ 똑같은 실수를 ______________ 사람들이 많다.

A ❶ 천대했다 ❷ 거듭하는

조선의 건국과 •몰락

1   이성계는 거의 500여 년간 지속된 고려 왕조를 •무너뜨리고 1392년 새 왕조인 조선을 건국했다. 조선은 새로운 •토지 제도를 실시하여 나라 경제의 •기반을 튼튼히 하고 신하들이 •소유했던 •사병을 없앰으로써 왕권을 강화했다. 성리학에 기초를 두고 나

5   라를 •다스렸으며, 중국 명나라와 친하게 지냄으로써 나라의 안정과 평화를 유지하려고 했다. 조선 초기부터 학문을 •장려했으며, 15세기에는 세종 대왕이 '훈민정음'이라는 이름으로 한글을 •창제하고 •반포했다. 또한 조선은 국가의 기본 •법전인《경국대전》을 완성하여 유교적인 •법치 국가의 체제를 마련하였다.

10   조선은 16세기까지 200여 년간 평화로운 시기를 보냈으나, 이로 인해 •국방력이 점점 약해지고 •지배층이 분열되었다. 조선이 건국된 지 200년 만인 1592년에는 일본이 •침략하여 한반도 대부분을 •장악해 버렸다. 이것이 '임진왜란'이었으며, 이순신 장군은 이 전쟁에서 엄청난 •공을 세웠지만 끝내 •전사하고 말았다.

15   7년 동안 지속된 임진왜란은 이순신과 •수군 그리고 •의병의 활약, 명나라의 도움 등으로 끝났으나, 이후 여진족이 두 차례에 걸쳐 조선을 침략해 왔다. 1627년 여진족이 세운 나라인 후금이 쳐들어왔고(정묘호란), 1636년 (후금에서 바뀐) 청이 쳐들어왔다 (병자호란). 두 차례에 걸친 여진족의 침입에 의해 조선은 엄청나

20 게 •황폐해졌으며 •결정적으로 청나라의 •신하 나라가 되었다.

국가적 어려움을 겪은 조선은 정치와 경제, 그리고 군사적인 •면에서 여러 가지 개혁을 실시하며 서서히 안정을 되찾았다. 18세기의 영조(왕)와 정조(왕) 시대에는 '조선의 •르네상스'라고 불릴 만큼 문화적 전성기를 •누렸다.

25 그러나 19세기에 들어와서는 왕실과 •혼인 관계를 맺은 •가문의 신하가 권력을 잡고 마음대로 정치하는 '세도 정치'가 실시되

•황폐해지다
to fall into disrepair

•결정적으로
crucially; conclusively

•신하
liege; vassal

•면
aspect; side; face

•르네상스
the Renaissance

•누리다
to enjoy

•혼인
marriage

조선 태조(이성계) 어진 ⓒ 문화재청
Portrait of King Taejo of Joseon

정읍 전봉준 유적 ⓒ 문화재청
Historic Site Related to Jeon Bong-jun, Jeongeup

•가문
  one's familly

•혼란에 빠지다
  to be in a state of confusion

•민중
  the people; the (general) public

•궁핍해지다
  to become poor

•백성
  subjects; the people

•봉기
  uprising

•천주교
  Catholicism

•박해당하다
  to be persecuted

•교세
  religious influence

어 조선은 다시 •혼란에 빠졌다. 이에 •민중들의 생활은 말할 수 없이 •궁핍해지고 사회가 불안해져 여기저기서 •백성들의 •봉기가 끊임없이 일어났다. 이때 '서학'이라고 불리던 •천주교가 •박

30 해당하면서도 •교세를 크게 확장하였다. 또, '사람이 곧 하늘'이라는 민족 •종교 '동학'이 생겨 농민들 사이에서 빠르게 •전파되었다.

1876년 군사력을 앞세우며 위협한 일본과의 '•강화도 조약' •체결 이후 열강의 침략으로 조선이 복잡한 시간을 보내고 있을

35 때, 분노에 찬 농민들은 동학 농민 운동을 일으켰다(1894년). 이 운동은 전라도 •고부 군수 조병갑이 백성들을 •착취하고 •비리

를 저지르자 그에 대한 *반발로 동학을 믿던 전봉준의 *주도로 시작되어 여러 지역에 *확산되었다.

40 　동학 농민 운동을 진압하기 위해 청나라와 일본이 동시에 끼어들면서 청일 전쟁이 시작되었다. 전쟁에서 승리한 일본이 동아시아의 *패권을 쥐자 조선인들은 큰 *충격을 받았다. 그러나 더 큰 충격이 기다리고 있었으니, 조선이 일본에 *국권을 *강탈당한 것이었다. *거시적 *관점에서 동학 농민 운동은 500년 역사의 조선을 *붕괴시키고 수천 년 동안 유지되던 동북아시아의 *질서를 45 깨뜨리는 *촉매 역할을 했다고 말할 수 있다.

*종교
religion

*전파되다
to be spread;
to be disseminated

*강화도 조약
Japan-Korea Treaty of 1876

*체결
conclusion; sign

*고부 군수
the governor of Gobu

*착취하다
to exploit; to extort

*비리
corruption

*반발
resistance; opposition

*주도
leading

*확산되다
to be dispersed

*패권
supreme power

*충격
impact; shock

*국권
national sovereignty

*강탈당하다
to be robbed of

*거시적
macroscopic

*관점
perspective; viewpoint

*붕괴
collapse; breakdown

*질서
order

*촉매
catalyst

Q 다음 빈칸에 들어갈 말을 〈보기〉에서 골라 문장에 알맞게 써 봅시다.

─〈 보기 〉────

장악하다　　유지하다　　궁핍해지다　　착취하다

❶ 할아버지는 건강을 ＿＿＿＿＿＿ 기 위해서 매일 공원에서 걸으신다.
❷ 조선 시대에 양반들은 노비들의 노동력을 ＿＿＿＿＿＿＿＿＿.
❸ 세계의 무역을 ＿＿＿＿＿＿ 기 위해 정부는 모든 노력을 기울였다.
❹ 아버지의 사업이 힘들어지면서 삶이 ＿＿＿＿＿＿＿＿＿.

A ❶ 유지하 ❷ 착취했다 ❸ 장악하 ❹ 궁핍해졌다

Vocabulary

어휘

최초	the first; the beginning **명** 맨 처음. 불교를 최초로 받아들인 나라는 고구려이다.
중앙 집권제	centralism **명** 모든 권력이 중앙에 존재하는 통치 체제. 삼국은 중앙 집권제 국가로 발전했다.
번영하다	to prosper **동** 번성하고 잘되다. 삼국 시대에 한강 유역을 차지한 나라는 번영했다.
접하다	to border **동** 어떤 것들이 서로 가까이 닿다. 서로 접하고 있는 나라들은 평화를 유지해야 한다.
노출되다	to be exposed; to be disclosed **동** 사람이나 사실 등이 겉으로 드러나다. 그 사람이 그동안 했던 나쁜 짓이 모두 노출되었다.
막대하다	to be huge; to be enormous **형** 더할 수 없을 만큼 많거나 크다. 제 친구는 할아버지께 막대한 유산을 받아요.
점령하다	to occupy **동** 적국에 들어가 그 지역을 무력으로 빼앗아 차지하다. 적군이 순식간에 수도를 점령했다.
전성기	prime; golden age **명** 세력이나 어떤 형세가 가장 잘되는 때. 고구려의 전성기는 광개토 대왕과 장수왕 때이다.

굴하다

to succumb
(동) 어떤 세력이나 사람, 또는 어려움에 뜻을 굽히다.
고려는 오랜 시간 동안 몽골과 싸웠지만 결국 굴하고 말았다.

뛰어나다

to be outstanding
(형) 남보다 월등히 훌륭하거나 앞서 있다.
세종 대왕은 여러 가지 면에서 뛰어난 임금이다.

평가

evaluation; assessment
(명) 어떤 사람이나 사물의 가치나 수준 정도를 헤아려서 정하는 것.
보통 우리는 다른 사람들한테서 좋은 평가를 받고 싶어 한다.

진취적

being progressive // progressive
(명) 적극적으로 어떤 일을 이루는 것. (관) 적극적으로 어떤 일을 이루는.
고구려 사람들은 진취적이었다고 한다.

계승하다

to inherit; to succeed to
(동) 전통이나 문화유산, 업적 등을 물려받아 이어 나가다.
요즘에는 전통 한국 문화를 계승하려는 젊은이들이 많다.

유적

remains; ruins
(명) 어떤 것들의 남아 있는 자취. 건축물이나 싸움터 또는 역사적인 사건이 벌어졌던 곳.
지금도 경주에 가면 신라의 유적을 많이 볼 수 있다.

세력

power; influence
(명) 권력이나 기세의 힘.
부패한 정치인이 세력을 떨치는 현실!

결탁하다

to conspire; to collude
(동) 마음을 합하여 서로 기대다. 나쁜 일을 꾸미려고 서로 한통속이 되다.
그들은 서로 결탁해서 그가 가진 것들을 빼앗으려고 했다.

꾀하다

to attempt
(동) 어떤 일을 이루려고 뜻을 두거나 힘을 쓰다.
우리 회사는 이익을 꾀하기 위해 여러 노력을 하고 있다.

지탱하다

to support; to sustain
(동) 오래 버티거나 존재하게 하다.
할머니께서는 산소 호흡기로 목숨을 지탱하고 계신다.

학풍

academic tradition; academic lineage
몡 학문에서의 태도, 전통이나 경향.
조선 후기에는 실학이라는 새로운 학풍이 일어났다.

건국

founding a country
몡 나라를 세움.
고려의 건국은 왕건에 의해 이루어졌다.

정비하다

to align; to maintain
동 흐트러진 체계를 정리해서 제대로 조정하다.
전쟁을 하기 전에 군대를 다시 정비했다.

진통을 겪다

to experience labor pains
동 일이 거의 다 되어 갈 때에 아이를 낳을 때처럼 큰 어려움을 경험하다.
한국에는 매년 좋은 대학교에 입학하려고 진통을 겪는 학생들이 있다.

반란

revolt; uprising
몡 정부나 지도자 등에 반대하여 일으키는 내란.
반란이 많아지면 나라는 분열하기 쉽다.

지방 호족

powerful local family
몡 지방에서 재산이 많고 세력이 강한 집안 혹은 정치 세력.
고려 시대의 지방 호족은 힘이 강했다.

강화하다

to strengthen; to fortify
동 힘이나 세력을 더 강하고 튼튼하게 하다.
나라의 힘을 강화하는 데 가장 중요한 일이 무엇인지 생각해야 한다.

쿠데타를 일으키다

to stage a coup
동 무력으로 정권을 빼앗다.
한국 역사에도 쿠데타를 일으킨 사람들이 있다.

유착 관계

close relationship
몡 서로 깊이 결합된 관계.
기업과 정부는 유착 관계에 놓였다.

천대하다

to contempt; to scorn; to despise
동 업신여겨서 천하게 대우하거나 홀대하는 것.
조선 시대의 양반들은 노비들을 천대했다.

거듭하다

to repeat
동 어떤 일을 자꾸 반복하다. 되풀이하다.
같은 말을 거듭하면 듣는 사람들이 불편해한다.

무너뜨리다

to tear down; to destroy; to demolish
동 쌓여 있거나 서 있는 것, 또는 성과나 업적을 허물어 내려앉게 하다.
나쁜 소문은 그 사람이 이룬 많은 것들을 무너뜨렸다.

소유하다

to own, to possess
동 가지고 있다.
소유하는 물건이 많으면 더 행복할까?

지배층

ruling class
명 지배 계급에 속하는 계층.
이 세상 어디를 가도 눈에 보이지 않는 지배층은 있다.

장악하다

to dominate
동 무엇을 마음대로 할 수 있게 휘어잡다.
그 가수는 목소리만으로 무대를 장악한다.

전사하다

to die in battle
동 전쟁터에서 적과 싸우다가 죽다.
6월 6일 현충일은 나라를 위해 전사한 많은 분들께 감사하는 날이다.

황폐하다
[황폐해지다]

to be devastated; to be ruined [to fall into disrepair]
동 토지, 집, 삶, 또는 정신 등이 거칠어지고 못쓰게 되다.
한국 전쟁이 끝난 후에 한국은 모든 것이 황폐해졌다.

결정적

being crucial; being conclusive // crucial; conclusive
명 일이 되어 가는 형편이 바뀔 수 없이 확실한 것.
관 일이 되어 가는 형편이 바뀔 수 없을 만큼 확실한.
범인은 결정적인 증거를 남겨서 경찰에 체포되었다.

궁핍하다
[궁핍해지다]

to be poor [to become poor]
형 매우 가난하다.
물질적으로 궁핍해도 정신적으로는 풍요로울 수 있다.

박해
[박해당하다]

persecution; oppression [to be persecuted]
명 못살게 굴어서 해롭게 함.
조선 시대에는 종교 때문에 박해당하는 사람들이 많았다.

착취하다

to exploit; to extort
동 다른 사람을 고의로 부당하게 이용하다.
일을 시키고 월급을 주지 않는 것은 그 사람을 착취하는 것이다.

패권

supreme power
명 어떤 분야에서 최고의 자리를 차지하여 누리는 권리와 힘.
아시아의 패권을 차지하기 위해서 여러 나라들이 다툰다.

국권

national sovereignty
명 국가가 행사하는 권력, 주권과 통치권.
그는 잃어버린 국권을 회복하기 위해서 안간힘을 썼다.

강탈
[강탈당하다]

robbery; seizure; extortion [to be robbed of]
명 강제로 빼앗김을 당하다.
1910년에 대한 제국은 일제에 의해 국권을 강탈당했다.

거시적

being macroscopic // macroscopic; comprehensive
명 사물이나 어떤 현상을 전체적으로 분석하고 파악하는 것.
관 사물이나 어떤 현상을 전체적으로 분석하고 파악하는.
경제와 역사에 대해 거시적 관점이 필요하다.

관점

perspective; viewpoint
명 사물이나 현상을 볼 때, 어떤 사람이 보고 생각하는 태도나 방향.
사람마다 이 사건을 바라보는 관점이 다를 수 있다.

표현

N + 와/과 손을 잡다 [to work together; to join forces] : 협력하여 무엇을 함께함을 표현한다.

본문

삼국 중에서 가장 늦게 전성기를 맞이한 신라는 백제와 고구려의 끊임없는 공격을 견디다가, 당나라**와 손을 잡고** 먼저 백제를 멸망시켰다.

- 신라는 당나라와 손을 잡고 백제와 고구려를 멸망시켰다.
- 지구 온난화 문제를 해결하기 위해서 적국과도 손을 잡고 노력해야 한다.
- 현재의 위기를 극복하기 위해서 다른 지역과 손을 잡고 해결 방법을 찾아야 한다.

N + 으로써 [by doing~] : 수단·도구를 표현한다. vs. N + 으로서 [as] : 지위·신분·자격을 표현한다.

📖 본문

한국의 전근대사에서도 무력으로 정권을 빼앗음으로써 새로운 역사의 장이 열리곤 했다.

- 과일과 야채를 많이 먹고 운동함으로써 더 건강해질 수 있다.
- 한국어와 한국 문화를 배움으로써 한국에 대해 더 많이 알게 되었다.
- 한국 사람으로서 한국에 대해 자부심을 느낀다.

N + 을/를 심심치 않게 볼 수 있다 [you can easily see] : 흔히 볼 수 있거나 자주 일어남을 나타낸다.

📖 본문

이들은 새로운 나라를 세우기 위해 쿠데타를 일으켰지만, 같은 나라 안에서 왕위를 빼앗기 위해 쿠데타를 일으킨 예 또한 삼국 시대나 통일 신라, 고려, 그리고 조선에서 심심치 않게 볼 수 있다.

- 요즘은 허리 통증으로 고생하는 사람을 심심치 않게 볼 수 있다.
- 우리 동네에서는 자전거로 출퇴근하는 사람을 심심치 않게 볼 수 있다.
- 추운 날씨에도 불구하고 밖에 나와서 걷는 사람들을 심심치 않게 볼 수 있다.

V + 아/어 버리다 [finished ~ing] : 어떤 행동이 완전히 끝났음을 말할 때 쓴다. 흔히 아쉬움이나 시원함을 나타낸다.

📖 본문

조선이 건국된 지 200년 만인 1592년에는 일본이 침략하여 한반도 대부분을 장악해 버렸다.

- 어제 밀린 숙제를 다 해 버렸다.
- 누가 내 과자를 다 먹어 버렸다.
- 내 마음속에 있던 좋지 않은 기억들을 다 지워 버렸다.

N + 에 의해 [by; through] : 방법이나 수단의 기준이 되어 어떤 상황의 원인임을 나타낸다.

📖 본문

두 차례에 걸친 여진족의 침입에 의해 조선은 엄청나게 황폐해졌으며 결정적으로 청나라의 신하 나라가 되었다.

- 투표에 의해 결정된 것은 번복할 수 없다.
- 선생님들의 추천에 의해 대학원에 입학하였다.
- 상황에 의해 마음이 흔들리면 올바른 결정을 하기가 어렵다.

Wrap UP

❶ 다음 빈칸에 들어갈 알맞은 말을 본문에서 찾아 써 봅시다.

> 철기 문화의 보급으로 인해 (   )
> 증가하여 자연스럽게 여러 국가들이 생겨났다.

❷ 신라는 어느 나라와 연합하여 백제와 고구려를 멸망시켰습니까? (   )
① 고려   ② 발해   ③ 수나라   ④ 당나라

❸ 다음 중 관련이 있는 것들끼리 연결해 봅시다.
① 고구려   ㉠ 왕건
② 고려   ㉡ 이성계
③ 조선   ㉢ 광개토 대왕

❹ 다음 빈칸에 알맞은 말을 써 봅시다.

> 통일 신라 말기에 성장한 해상 세력들 중에서 (   )은/는 바다의 왕이라고 불렸다.

❺ 살수 대첩 때 수나라를 크게 물리친 고구려 장군의 이름은 무엇입니까? (   )

❻ 500여 년간 계속되던 고려 왕조를 무너뜨리고 조선을 세운 사람은 누구입니까?
(   )

❼ 다음 문장을 완성해 봅시다.

> 조선이 세워진 후 200여 년 동안 평화로웠지만 이후 점차 지배층이 분열되고 국방력이 약해졌다.
> (   )년에 (   )이/가 조선을 침략하여 한반도를 초토화시켰다. 이 전쟁을
> (   )(이)라고 한다. (   ) 장군은 바다에서 엄청난 공을 세워 조선을
> 위기로부터 구했다.

❶ 농업 생산력과 군사력이 ❷ ④ ❸ ①-㉢, ②-㉠, ③-㉡ ❹ 장보고 ❺ 을지문덕 ❻ 이성계 ❼ 1592, 일본, 임진왜란, 이순신

1 예로부터 강을 중심으로 고대 문명이 발달했습니다. 고구려, 백제, 신라의 삼국도 한강 유역을 차지하기 위해 다툼을 벌였습니다. 한강 유역을 차지하고자 한 이유가 무엇이었는지 이야기해 봅시다.

Civilizations have developed around rivers since ancient times. The three kingdoms of Goguryeo, Baekje, and Silla fought over the Han River basin. What were the reasons these three kingdoms sought to occupy the Han River basin?

2 신라는 삼국을 통일하는 과정에서 중국의 당나라와 연합하여 백제와 고구려를 무너뜨렸습니다. 이에 대한 역사적 평가가 어떠한지 제시해 보고, 의견을 나누어 봅시다.

In the unification of the three kingdoms, Silla allied themselves with Tang China and overthrew Baekje and Goguryeo. Analyze the events and share your opinions.

3 한국의 전근대 역사상 정치와 군사 측면에서 가장 큰 영향력을 발휘한 인물이 누구라고 생각하는지 말해 보고, 다른 국가의 역사적 인물과 비교해 봅시다.

Discuss who you think was the most influential person in terms of politics and military power in Korea's pre-modern history and compare them with other historical figures.

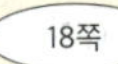

For Your
Information

18쪽

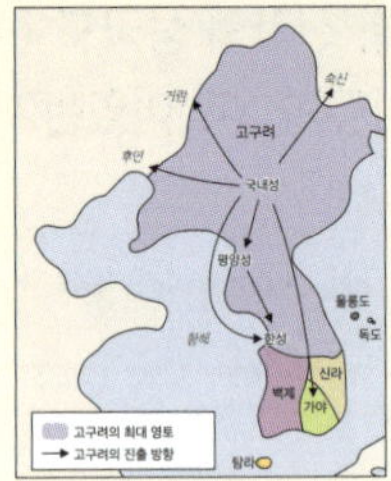

5세기의 고구려

고구려는 5세기인 광개토 대왕과 장수왕 때 영토를 크게 넓히는 등 전성기를 누렸다. 이 무렵 고구려의 영토는 요동, 만주, 한반도의 한강 유역에까지 이르렀다.

5th-Centery Goguryeo

Goguryeo's golden age was during the 5th century, when it greatly expanded its territory during the reigns of King Gwanggaeto the Great and King Jangsu. Goguryeo's borders reached as far as Liaodong, Manchuria, and the Han River basin on the Korean Peninsula.

20쪽

경주 김유신 묘와 십이지 신상 ⓒ 문화재청

김유신은 신라가 삼국을 통일하는 데 중요하게 역할한 신라 장군이다. 《삼국유사》에 따르면 김유신이 죽은 후에 왕으로 높여졌고, 왕릉의 예를 갖춰 무덤을 장식하였다. 경상북도 경주시 송화산에 있는 김유신 묘에서 발견되는 십이지 신상(열두 가지 동물 상)은 왕릉으로서의 특징을 잘 보여 준다. 신라 왕릉에 새겨진 다른 십이지 신상과 마찬가지로, 이 십이지 신상 또한 인간의 몸이지만 동물의 얼굴로 표현되어 있다. 특히 김유신 묘의 십이지 신상은 무기를 들고 있는데, 이는 왕릉을 지키는 수호신을 형상화한 것이다.

Tomb of Kim Yu-sin, Gyeongju
The Zodiacal Figure(Twelve Zodiac Animal Deities in Relief)

Kim Yu-sin, a Silla general, played a central role in Silla's unification of the three kingdoms. According to 《Samguk Yusa》, Kim Yu-sin was elevated to the throne after his death, and he was given a royal tomb. Located in Songhwa Mountain, Gyeongju-si, Gyeongsangbuk-do, the twelve zodiacal carvings found in his tomb are symbols of royalty. The royal carvings are represented by a human body and an animal's face. Each zodiacal carving on Kim Yu-sin's tomb in particular holds a weapon, symbolizing the protection and guardianship of his tomb.

27쪽

조선 태조(이성계) 어진 ⓒ 문화재청

조선 제1대 왕인 태조 이성계(1335~1408년)의 어진(왕을 그린 그림이나 사진)
이다. 고려 말의 장군이었던 이성계는 명나라를 정벌하기 위해 떠났으나, 평안
북도 압록강 하류에 있는 섬인 위화도에서 군사를 돌려 권력을 장악하였다. 이
후 이성계는 고려를 무너뜨리고 조선을 건국하였다.

Portrait of King Taejo of Joseon

This is the royal portrait of Taejo Yi Seong-gye (1335~1408), the first
king of the Joseon Dynasty. Yi Seong-gye, who was a general at the
end of the Goryeo Dynasty, was initially ordered to invade the Ming
Dynasty. However, upon arriving at Wihwa Island, located in the lower
reaches of Amnokgang (Yalu River) in Pyeonganbuk-do, he decided to
turn his forces back and seized power through a coup against Goryeo.
He overthrew Goryeo and founded Joseon.

28쪽

정읍 전봉준 유적 ⓒ 문화재청

전라북도 정읍시에 있는 이 오래된 집은 동학 농민 운동의 지도자 전봉준
(1855~1895년)이 살던 곳이다. 몰락한 양반 가문에서 태어난 전봉준은 조선
관리들의 횡포에 맞서 농민과 동학교도들을 조직하여 동학 농민 운동을 이
끌었다.

Historic Site Related to Jeon Bong-jun, Jeongeup

This house in Jeongeup-si, Jeollabuk-do, is where Jeon Bong-jun
(1855~1895), the leader of the Donghak peasant movement, lived. Jeon
Bong-jun, who was born into a fallen noble family, led the movement
by organizing farmers and Donghak believers against the tyranny of
Joseon officials.

2장 대외 관계

Chapter 2 FOREIGN RELATIONS

1. 한국의 전근대 대외 관계에 대해 서술한 글을 읽고 이해할 수 있다.
2. 한국의 전근대 국가들이 주변 나라들과 어떤 영향을 주고받았는지 관련 글을 읽고 이야기할 수 있다.

✧ 삼국 시대의 대외 관계는 어떠했을까요?

✧ 발해는 어떻게 세워졌을까요? 그 역사적 의의는 무엇일까요?

✧ 고려는 주변 나라들과 어떤 관계를 맺었을까요?

✧ 조선 시대에는 어떤 외교 정책이 펼쳐졌을까요?

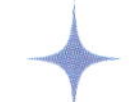

삼국 시대와 중국

1 고구려는 지리적으로 중국과 가까워서 백제나 신라에 비해서 중국의 공격을 당할 가능성이 더 컸다. 중국을 통일한 수나라(581~618년)와 그 •뒤를 이은 당나라(618~907년)는 몇 번씩이나 고구려를 •압박하고 •침략했다. 중국은 고구려 또한 백제나 신라

5 처럼 한반도의 작은 •약소국가들 중의 하나라고 여겼던 것 같다.

한편 백제나 신라는 이미 동북아시아에서 강한 나라가 된 고구려가 중국보다 더 위협적이라고 •의식했기 때문에 •동족 의식을 갖기보다는 •경쟁 상대로 보고 •견제했다. 고구려가 중국으로부터 위협과 침략을 당할 때에도 백제와 신라는 고구려와 힘을

10 합하여 중국을 견제하려는 노력을 하지 않았고, 고구려도 이들 나라에 도움을 청하지 않았다. 오히려 나중에 신라는 당나라의 •힘을 빌려서 백제와 고구려를 차례로 멸망시키고 삼국 통일을 이루었다.

•뒤를 잇다
to succeed; to follow in somebody's footsteps

•압박하다
to pressure

•침략하다
to invade

•약소국가
weak nation

•의식하다
to be conscious of; to be aware of

•동족 의식
tribalism

•경쟁 상대
rival; competitor

•견제하다
to hold (sb/sth) in check

•힘을 빌리다
to get someone's help

Q 다음 단어의 <u>반대말</u>을 찾아 연결해 봅시다.

❶ 강대국가　　　　　① 도움을 안 받다

❷ 힘을 빌리다　　　　② 약소국가

A ❶-② ❷-①

통일 신라와 당나라

1   당나라는 신라를 도와주는 데서 멈추지 않고 백제와 고구려의 옛 땅을 다 차지하고 신라에도 영향력을 *행사하려고 했다. 이에 신라는 백제 및 고구려 *유민과 힘을 합쳐 당나라를 *물리치고 삼국 통일을 이루었다. 이를 통해 대동강 이남을 영토로 하

5 는 통일 신라가 성립되었다. 신라의 삼국 통일 과정에서 태종 무열왕과 문무왕, 그리고 김유신이 *주된 역할을 했다.

  통일 신라는 당나라가 동북아시아의 중심을 차지하였던 200년 이상 동안 *친선 관계를 유지하며 서로 문화를 주고받았다.

* *행사하다
  to exercise; to use
* *유민
  people of the fallen country
* *물리치다
  to defeat; to repulse
* *주된
  main; major
* *친선 관계
  friendly relations

> **Q** 다음 빈칸에 공통적으로 들어갈 말을 써 봅시다. (　　　　　　　)
> * 두 나라는 오랫동안 ________ 관계를 유지하였다.
> * 오늘 우리 학교와 옆 학교와의 ________ 경기가 열렸다.
>
> **A** 친선

경주 태종 무열왕릉비 ⓒ 문화재청
Stele of King Muyeol, Gyeongju

발해와 당나라

1 　신라와 당나라에 의해 고구려가 멸망한 후, 현재 중국의 길림성 지역에서는 고구려의 옛 장군이었던 대조영이 나라를 잃고 •떠도는 백성들을 이끌고 고구려를 •계승하려는 뜻으로 698년 발해라는 나라를 세웠다. 발해는 고구려의 옛 땅을 거의 회복했

5 고, 중국이 '해동성국(바다 동쪽의 대단히 번성한 나라)'이라고 부를 정도로 •성장했다. 통일 신라와 마찬가지로 발해도 초기 대립에서 벗어나 당나라와 친선 관계를 •수립하며 그 문물을 받아들여, 고구려 문화 위에 당나라의 문화가 섞인 높은 •수준의 문화를 유지했다. 특히 당나라에서 들어온 유교와 •한문학이 아주

10 높은 수준으로 발달했고 불교도 •번성했다.

•떠돌다
　to wander

•계승하다
　to succeed

•성장하다
　to grow; to develop

•수립하다
　to establish

•수준
　level; standard

•한문학
　studies in classical Chinese

•번성하다
　to prosper; to thrive

Q 다음 빈칸에 들어갈 수 <u>없는</u> 말을 각각 골라 봅시다.

❶ 우리집 고양이는 아침에 집을 나가 ＿＿＿＿＿＿＿가 저녁에 집에 들어온다. (　　)

① 떠돌다　　　　　　　② 놀다

③ 계승하다　　　　　　④ 돌아다니다

❷ 그 학교 학생들의 한국어 ＿＿＿＿이 뛰어나서 너무 놀랐다. (　　)

① 수준　　　② 실력　　　③ 번성　　　④ 능력

Ⓐ ❶ ③ ❷ ③

고려와 요나라, 그리고 금나라

1 당나라를 중심으로 하는 동북아시아의 •질서 속에서 발해와 통일 신라는 한동안 전성기를 •누렸다. 그러나 발해는 926년 만주 지역의 거란족이 세운 요나라에게 망하고, •허약해진 통일 신라도 935년 고려에게 나라를 내주었다.

5 고려를 세운 왕건은 발해의 유민을 받아들이고 고구려를 계승하려는 •열망으로 나라 이름도 '고려'라고 지었다. 왕건은 죽기 전에 •후대 왕들을 위해 쓴 〈훈요십조〉에서 "거란은 짐승이나 다름없는 나라이므로 •의관 제도를 •본받지 말라."고 했다. 그 이후 고려와 사이가 나빠진 요나라는 세 번이나 고려를 침입했다. 10 1차 침입 때는 고려의 외교관인 서희가 요나라의 •장수인 소손녕과 •지혜롭게 •협상했고, 3차 침입 때는 고려의 강감찬이 귀주에서 거란군을 크게 물리쳤다(귀주 대첩). 이후 요나라는 만주에 살던 여진족이 세운 금나라에 의해 •무너져 버렸다.

금나라는 •우월한 군사력을 •바탕으로 고려에게 •사대 관계를 •요구했다. 당시 권력을 잡고 있던 이자겸은 금나라의 요구를 15 수용하였다. 이후 고려 •조정은 금나라와의 사대 관계를 유지하자는 세력과 금나라와 싸워 만주를 빼앗자는 세력으로 나뉘었다. 《삼국사기》를 쓴 김부식은 사대의 •예를 갖추자는 사람들에 속했고, 승려 묘청은 이와 반대로 금나라 정벌을 주장하는 사람

•질서
order

•누리다
to enjoy

•허약해지다
to become weak and fragile

•열망
desire; wish

•후대
future generations

•의관 제도
dress and institutions

•본받다
to emulate; to follow

•장수
commander; general

•지혜롭게
wisely

•협상하다
to negotiate

•무너지다
to collapse; to crumble

•우월한
superior

•바탕
foundation; basis

•사대 관계
subordinate relationship with a more powerful nation

•요구하다
to request; to demand

•조정
Royal Court

•예를 갖추다
to exercise courtesy

20 들에 속했다. 묘청은 자신의 주장이 받아들여지지 않자 서경(평

양)에서 반란을 일으켰으나, 김부식이 이끈 •관군에게 진압되었

다. 묘청의 난은 왕권에 대한 도전이 아니라 서경 세력과 개경(개

성) 세력 간의 다툼이라는 점에서 특징적이다. 또 •북진과 •자주

를 •추구하는 •진보주의자와 사대를 주장하는 •보수주의자의

25 싸움으로도 •해석된다. 묘청의 난이 실패함에 따라 두 세력 간

권력 균형이 깨지면서 서경 세력은 개경 세력을 더 이상 견제할

수 없게 되었다. 그리고 개경의 문신 귀족 세력의 •독주는 정치

적·사회적 문제를 낳아 무신 •정변(1170년)이 일어나는 원인이 되

었다.

•관군
government army

•북진
going north;
advancing north(ward)

•자주
independence; autonomy

•추구하다
to pursue; to seek

•진보주의자
a progressive; a liberal

•보수주의자
a conservative

•해석되다
to be interpreted;
to be explained

•독주
being far ahead of somebody

•정변
political upheaval

Q 다음 단어와 같은 뜻을 찾아 연결해 봅시다.

❶ 지혜롭다 　　　① 받아야 할 것을 필요에 의해서 달라고 하다.

❷ 본받다 　　　② 사물의 이치를 빨리 깨닫고 처리할 수 있는
　　　　　　　　　정신적 능력이 있다.

❸ 요구하다 　　　③ 힘이 없고 약해지다.

❹ 허약해지다 　　　④ 본보기로 해서 그대로 따라하다.

정답 ❶-② ❷-④ ❸-① ❹-③

고려와 몽골

*정권
  political power

*강국
  powerful nation

*굴복시키다
  to make someone give in

*물자
  supplies; goods

*징발하다
  to confiscate; to appropriate

*공녀
  a woman offered as a tribute at the request of China during the Goryeo dynasty

*설렁탕
  seolleongtang; ox bone soup

*순대
  sundae, Korean sausage (a pig's intestine stuffed with seasoned noodles, tofu, rice, etc.)

*연지 곤지
  Korean traditional rouge on a bride's cheeks and forehead

*족두리
  Korean traditional bride's headpiece

1 고려의 무신 *정권(1170~1270년) 때 세계적인 *강국을 이룬 몽골은 금나라를 쳐서 무너뜨리고 원나라를 수립하였다. 그리고 1231년부터 28년 동안 고려를 여섯 번이나 침략한 끝에 고려를 *굴복시켰다. 이후 100여 년 동안 원나라는 고려에 정치적으로

5 간섭하였고 여러 *물자와 처녀들을 *징발해 갔다. 이때 고려에서 뽑혀 간 처녀들(*공녀) 중 한 명이 원나라의 마지막 황후가 된 '기황후'이다.

문화적으로 고려와 원나라는 서로 영향을 주고받았다. 고려의 문화가 원나라에 흘러 들어가 유행하였고(고려양) 몽골의 문

10 화도 고려에 흘러 들어와 유행하였다(몽골풍). 지금까지 남아 있는 몽골 문화의 예로는 *설렁탕, *순대, 소주, 그리고 전통 결혼식 때 신부의 얼굴에 하는 *연지 곤지와 신부의 머리에 쓰는 *족두리 등이 있다.

Q 다음 빈칸에 들어갈 말을 〈보기〉에서 골라 문장에 알맞게 써 봅시다.

〈 보기 〉
| 무너뜨리다 | 징발하다 | 굴복시키다 | 번성하다 |

❶ 그는 강도와 싸워서 ________________ 후 경찰에 알렸다.
❷ 전쟁을 하는 데 필요한 모든 물자들을 _________기 위해 정부는 사람들에게 강제로 물자들을 요구했다.

Ａ ❶ 굴복시키 ❷ 징발하

족두리 ⓒ 국립중앙박물관
Jokduri, Bride's Headpiece

조선과 일본, 그리고 청나라

1   조선은 건국 초기부터 •친명 정책을 펼치며 명나라에 •형식적

이지만 사대 관계를 맺고 해마다 •조공을 바쳤다. 임진왜란(1592

~1598년) 당시 일본을 물리치기 위해 명나라의 도움을 받았는데,

이때 •국력이 약해진 명나라는 •마침내 멸망하고 청나라가 중국

5 을 •지배하게 되었다. 후금에서 바뀐 청나라는 조선에게 •군신의

예를 갖추라고 위협하다가 •거절당하자 1636년 조선을 •침공했

는데, 이것이 병자호란이다. 청나라가 침공하자 조선의 왕 인조는

남한산성에 들어가 45일 동안 •저항하였다. 하지만 식량이 부족

하고 군사들의 •사기가 떨어져 결국 남한산성에서 나와 청나라

•친명 정책
Joseon's friendly foreign policy
strategy toward Ming

•형식적
perfunctory; a mere formality

•조공
tribute

•국력
national power

•마침내
finally; at last

•지배하다
to rule

•군신의 예
manners of a monarch and his
subjects

•거절당하다
to be rejected; to be refused

•침공하다
to invade; to attack

•저항하다
to resist

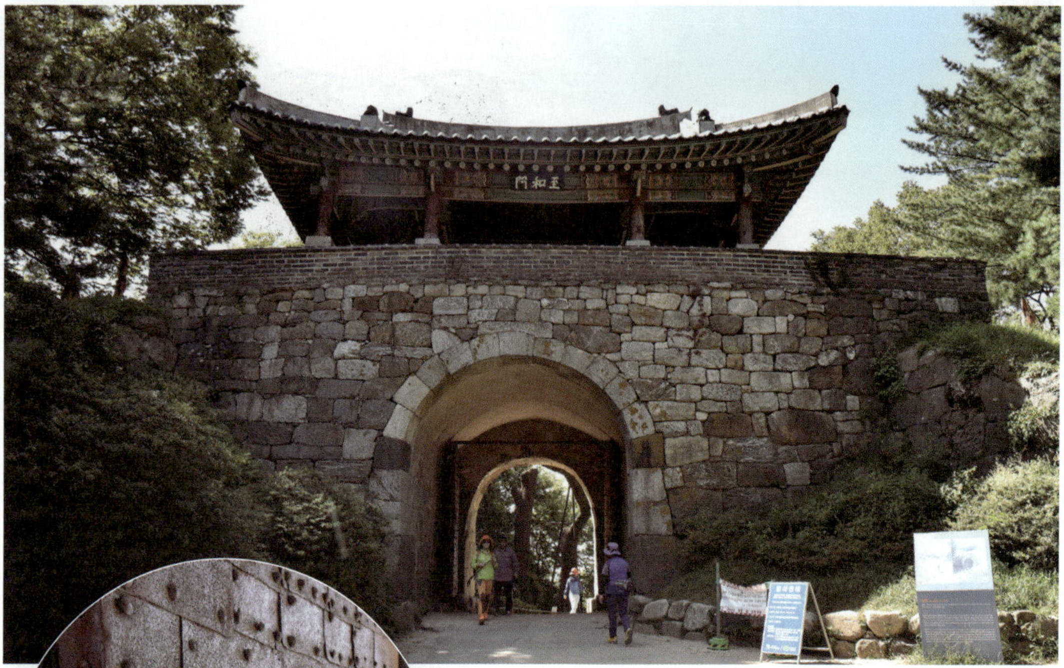

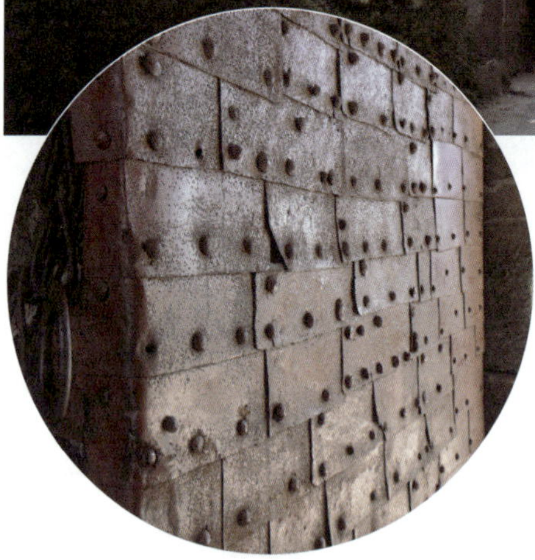

1
2
3

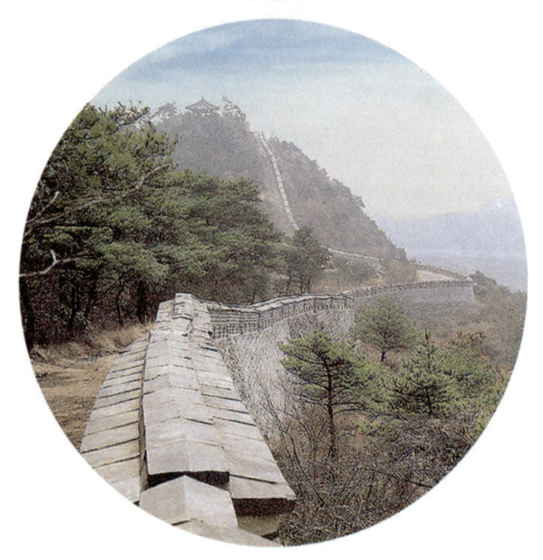

1. 2. 3. 남한산성
© 문화재청
Namhansanseong Fortress

10 황제에게 •항복하였다. 이때 인조는 세 번 절을 하고 절할 때마

다 세 번씩 머리를 땅에 •찧는 •굴욕적인 의식을 했다.

　　병자호란으로 조선이 입은 피해는 컸다. 청이 쳐들어온 서북

쪽 지방은 황폐해졌고, 수많은 백성이 청에 •포로로 •끌려갔다.

인조의 장남 •소현 세자도 청나라로 끌려가 8년간 •볼모 생활을

15 하였다. 이때부터 조선은 청나라와 •군신 관계를 맺고 해마다 많

은 양의 조공을 바치게 되었다. 지금까지 여진족과 청나라를 •오

랑캐라고 •업신여기던 조선인들은 이런 사실에 엄청난 •충격을

받았다. 그리하여 역사의 •뒤안길로 사라진 명나라를 그리워하

며, 명나라 대신 조선이 세계 문명의 중심지가 되었다는 '소중화

20 (작은 •중화) 사상'을 •확립하고 •자부심을 가지고자 했다.

•사기가 떨어지다
to become dispirited

•항복하다
to surrender; to yield;
to submit

•찧다
to pound; to hit; to bump

•굴욕적
humiliating

•포로
captive; prisoner of war

•끌려가다
to be taken; to be dragged

•소현 세자
Crown Prince Sohyeon

•볼모
hostage

•군신
sovereign and subject

•오랑캐
barbarian

•업신여기다
to despise

•충격
impact; shock

•뒤안길
back street; back way

•중화(사상)
Sinocentrism

•확립하다
to establish; to build

•자부심
pride

Q 다음 단어의 뜻을 찾아 연결해 봅시다.

❶ 자부심 　　　① 일이 밖으로 나타나 보이는 모양을 중심으로
　　　　　　　　 하는 것.

❷ 굴욕적 　　　② 자기 자신에 대해 믿고 당당히 여기는 마음.

❸ 형식적 　　　③ 남에게 업신여김을 당하거나 느끼게 하는 것.

답 ❶-② ❷-③ ❸-①

•문호
  door; gate

•폐쇄
  banning; blocking

•대원군
  daewongun, a government
  position given to the father of
  a king who has no descendants

•서구 열강
  the Western Powers

•압력을 넣다
  to pressure someone

•수교
  establishing diplomatic
  relations

•거부하다
  to refuse; to reject

•배척하다
  to reject; to exclude

조선의 •문호 •폐쇄

1   19세기 말 흥선 •대원군은 12세의 어린 아들인 고종(왕) 대신 권력을 장악했다. •서구 열강들은 계속해서 문호를 개방하라는 •압력을 넣었으나, 그는 적극적으로 서구와의 •수교를 •거부했다. 나라 곳곳에는 서양을 •배척하자는 내용의 '척화비'를 세웠다.

5   사실 조선은 17세기 초부터 명나라에서 들어온 유럽 지도나 서양의 문물들, 그리고 청나라에서 들어온 여러 과학 •서적들과 •천주교 서적들을 접해 왔다. 그러나 문호 폐쇄 정책에 따라 1866년에는 수많은 천주교 •신자와 프랑스 신부 아홉 명을 •처

척화비 ⓒ 문화재청
Cheokhwabi, Anti-foreign Stele

형했고, 통상을 •요구하며 •횡포를 부리던 미국 •상선 제너럴셔

10 먼호를 •불태워 없앴다.

1873년 흥선 대원군이 •힘을 잃고 자리에서 •물러난 뒤, 22세

가 된 고종은 직접 정치를 하기 시작했다. 1876년 일본과 강화도

조약을 맺은 조선은 서구에도 문호를 개방하여 미국, 영국, 독일,

러시아, 프랑스, 오스트리아 등과 •수호 통상 조약을 맺었다. 이

15 것은 서양 사회에 조선이라는 작은 나라가 소개되는 좋은 기회

를 •제공했다. •선교사들에 의해 학교와 병원이 세워지고 •신앙

의 자유도 허락되었다. 그러나 이미 조선에서 온갖 •이권을 챙기

기 시작한 일본이나 러시아 같은 •제국주의 나라들은 조선을 더

욱 압박하였다. 1905년 일본에 의해 강제로 •체결된 을사늑약으

20 로 대한 제국(조선의 뒤를 이은 나라)은 모든 외교권을 일본에 •박

탈당했으며, 결국 1910년에 국권을 잃고 말았다.

Q 다음 빈칸에 들어갈 말을 〈보기〉에서 골라 문장에 알맞게 써 봅시다.

〈 보기 〉

압력을 넣다　　　횡포를 부리다　　　박탈당하다

❶ 그는 가난하고 힘없는 이웃들에게 ________________서
그들을 힘들게 했다.

❷ 그 운동 선수는 운동 경기에 나갈 자격을 ________________.

❸ 대학 입시를 없애자고 ________________는 사람들이 있었다.

A ❶ 횡포를 부려 ❷ 박탈당했다 ❸ 압력을 넣

•서적	books; publications
•천주교	Catholicism
•신자	believer
•처형하다	to execute
•요구하다	to request; to demand
•횡포를 부리다	to tyrannize
•상선	merchant ship
•불태우다	to burn; to ignite
•힘을 잃다	to lose strength
•물러나다	to step back; to withdraw; to leave
•수호 통상 조약	treaty of commerce
•제공하다	to provide; to offer
•선교사	missionary
•신앙의 자유	freedom of religion
•이권을 챙기다	to take advantage of
•제국주의	imperialism
•체결되다	to be concluded
•박탈당하다	to be deprived

Vocabulary

어휘

뒤를 잇다	to succeed; to follow in somebody's footsteps 통 어떤 일이 끊어지지 않고 곧바로 이어지게 연속되게 하다. 그는 아버지의 뒤를 이어서 식당을 계속 운영했다.
압박하다	to pressure 통 심리적으로나 물리적으로 강한 힘으로 내리누르다. 성적을 잘 받아야 한다는 부담은 학생들의 마음을 압박한다.
의식하다	to be conscious of; to be aware of 통 어떤 것을 유난히 더 느끼거나 특별히 마음에 두다. 아버지는 놀러 온 내 친구들을 의식해서 방으로 들어가셨다.
동족 의식	tribalism 명 같은 피가 흐르는 민족이라는 것을 알고 가지는 특별한 마음. 어떤 역사가들은 삼국 시대의 삼국이 서로 동족 의식을 가지지 않았다고 주장한다.
힘을 빌리다	to get someone's help 통 어떤 상황이나 일을 해결하기 위해 남의 도움을 받다. 신라는 삼국을 통일하기 위해 당나라의 힘을 빌렸다.
친선 관계	friendly relations 명 서로 간에 친밀하여 사이가 좋은 관계. 양국은 친선 관계를 더욱 발전시켜 나가기로 합의했다.
떠돌다	to wander 통 정한 곳 없이 여기저기를 옮겨 다니다. 고구려가 망한 후에 그 유민들은 여기저기를 떠돌며 살았다.
계승하다	to succeed 통 조상의 전통이나 문화유산, 업적 등을 물려받아 이어 나가다. 한국 전통문화를 계승할 젊은이들이 많이 있으면 좋겠다.

번성하다

to prosper; to thrive
동 강한 기운으로 그 수가 많아지고 널리 퍼지다.
숲에 다양한 나무들이 많이 있으면 새들과 동물이 번성할 것이다.

허약하다
[허약해지다]

to be weak; to be fragile [to become weak and fragile]
형 힘이나 기운이 없고 약하다.
평소에 식사와 운동을 잘 하지 않으면 몸과 마음이 허약해질 수 있다.

본받다

to emulate; to follow
동 본보기로 하여 그대로 따라 하다.
항상 정직하게 사신 부모님을 본받고 싶다.

협상하다

to negotiate
동 어떤 목적에 부합되는 결정을 하기 위하여 여럿이 서로 의논하다.
두 기업의 대표가 만나 협상하고 있다.

무너지다

to collapse; to crumble
동 쌓여 있거나 서 있는 것이 허물어져 내려앉다.
고구려는 신라와 당나라의 공격에 무너지고 말았다.

사대 관계

subordinate relationship with a more powerful nation
명 주체성이 없이 세력이 강한 나라를 받들어 섬기는 관계.
동아시아의 나라들은 중국과 사대 관계에 놓여 있었다.

굴복
[굴복시키다]

surrender [to make someone give in]
명 힘이 없어 자신의 뜻을 굽히고 남의 뜻이나 명령에 따름.
거란은 고려를 굴복시키기 위해서 세 번이나 침입했다.

징발하다

to confiscate; to appropriate
동 국가에서 특별한 일에 필요한 사람이나 물자를 강제로 모으거나 거두다.
원나라는 고려에서 여러 물자를 징발해 갔다.

설렁탕

seolleongtang; ox bone soup
명 소의 머리, 내장, 뼈다귀 등을 푹 삶아서 만든 국.
설렁탕을 꼭 한번 먹고 싶다.

순대

sundae, Korean sausage (a pig's intestine stuffed with seasoned noodles, tofu, rice, etc.)
명 돼지의 창자 속에 고기, 두부, 파, 선지, 당면 등을 넣어 양념을 하고 삶아 익힌 음식.
순대는 많은 한국 사람들이 좋아하는 음식이다.

연지 곤지

Korean traditional rouge on a bride's cheeks and forehead
(명) 전통 결혼식에서 신부의 양 볼과 이마에 붉은 색으로 찍는 둥근 점.
전통 결혼식에서 신부가 양 볼과 이마에 빨간 연지 곤지를 찍었다.

족두리

Korean traditional bride's headpiece
(명) 전통 결혼식에서 신부의 머리에 쓰는 관.
한국의 전통 결혼식에서 신부가 머리에 쓰는 예쁜 족두리는 몽골에서 유래했다.

조공

tribute
(명) 약한 나라가 강한 나라에 예물을 바치던 일. 또는 그 예물.
조선은 명나라에 조공을 바쳤다.

군신의 예

manners of a monarch and his subjects
(명) 임금과 신하 사이에 지켜야 할 예의.
예전에 임금과 신하는 군신의 예를 지켜야 했다.

침공하다

to invade; to attack
(동) 다른 나라를 침범하여 공격하다.
예고 없이 그 나라를 침공하였다.

사기가 떨어지다

to become dispirited
(동) 의욕이나 자신감 등이 내려오다.
누구든지 어떤 일에 계속 실패하면 사기가 떨어지게 된다.

찧다

to pound; to hit; to bump
(동) 무거운 물체를 들어서 아래에 있는 물체를 내리치다, 힘 있게 마주 대다.
아기가 넘어져서 장난감에 무릎을 찧었다.

오랑캐

barbarian
(명) 언어·풍습 등이 다른 민족을 낮잡아 이르는 말.
조선 사람들은 청나라를 오랑캐의 나라라고 생각했다.

업신여기다

to despise
(동) 남을 낮추어 보거나 하찮게 여기다.
사람을 함부로 업신여기면 안 된다.

확립하다

to establish; to build
(동) 어떤 의견, 조직, 체계 등을 올바르게 되게 하다.
통일 신라에서 강력한 왕권이 확립된 것은 신문왕 때이다.

자부심	pride

명 자기 자신 또는 자기와 관련되어 있는 것에 대하여 스스로 그 가치나 능력을 믿고 당당히 여기는 마음.

조선 시대의 백자는 한국 문화의 자부심이라고 할 수 있다.

문호	door; gate

명 집으로 드나드는 문. 외부와 교류하기 위한 통로나 수단을 빗대어 이르는 말.

조선은 일본과 강화도 조약을 맺어 문호를 개방하기 시작했다.

서구 열강	the Western Powers

명 서양 세계에서 국제적인 영향력이나 세력이 강한 여러 나라들.

서구 열강은 조선에 문호 개방을 요구하였다.

압력을 넣다	to pressure someone

동 상대에게 어떤 일을 억지로 하도록 부담을 주다.

그는 부당한 부탁을 하면서 나에게 계속 압력을 넣고 있다.

배척하다	to reject; to exclude

동 따돌리거나 거부하여 밀어 내치다.

처음 천주교가 들어왔을 때 나라에서는 천주교를 배척했다.

처형하다	to execute

동 범죄자를 벌하거나 사형에 처하다.

반란을 일으킨 사람을 잡아서 처형했다.

횡포를 부리다	to tyrannize

동 제멋대로 굴며 몹시 난폭함을 보이다.

이떤 경우에도 다른 사람에게 횡포를 부리면 안 된다.

불태우다	to burn; to ignite

동 불을 붙여서 타게 하다.

지난 밤에 일어난 화재는 뒷산을 모두 불태웠다.

힘을 잃다	to lose strength

동 가지고 있던 힘이 자신도 모르게 없어지다.

그는 지난 주에 나랏일을 하던 자리에서 내려왔기 때문에 그가 하던 모든 일에서 힘을 잃었다.

물러나다	to step back; to withdraw; to leave ⟨동⟩ 하던 일이나 지위를 내놓고 나오다. 아버지는 30년 동안 일하시던 직장에서 물러나 은퇴하셨다.
제공하다	to provide; to offer ⟨동⟩ 무엇을 내주거나 갖다 바치다. 그는 자주 여행자들에게 잘 곳이나 음식을 무료로 제공했다.
이권을 챙기다	to take advantage of ⟨동⟩ 이익을 얻을 수 있는 권리를 가질 수 있는지 살피다. 서구 열강들은 자신의 이권을 챙기느라 바빴다.
체결되다	to be concluded ⟨동⟩ 계약이나 조약 등이 공식적으로 맺어지다. 어제 두 기업의 계약이 체결되었다.
박탈 [박탈당하다]	deprivation; forfeit [to be deprived] ⟨명⟩ 남에게 재물이나 권리 또는 자격을 빼앗음. 그는 술을 마시고 운전했기 때문에 운전 면허를 박탈당했다.

표현

N + (이)라고 여기다 [to consider; to regard; to think] : 마음속으로 그렇다고 인정하거나 생각할 때 사용하는 표현이다.

📖 **본문**

중국은 고구려 또한 백제나 신라처럼 한반도의 작은 약소국가들 중의 하나라고 **여겼던** 것 같다.

- 식사를 자주 사 주었더니 친구들은 내가 부자라고 여기는 것 같다.
- 제가 입는 옷들이 다 예뻐서 친구들은 제 옷들이 다 비싼 옷이라고 여겨요.
- 옆집 할아버지는 항상 친절해서 이웃 사람들은 그를 좋은 사람이라고 여깁니다.

역사의 뒤안길로 사라지다 [to fade or disappear in the midst of history] : 번성했던 어떤 장소나 사람, 또는 물건이 다른 것에 가려서 더 이상 관심을 끌지 못하고 완전히 없어질 때 사용한다.

📖 **본문**

그리하여 **역사의 뒤안길로 사라진** 명나라를 그리워하며, 명나라 대신 조선이 세계 문명의 중심지가 되었다는 '소중화 (작은 중화) 사상'을 확립하고 자부심을 가지고자 했다.

- 쓸쓸히 역사의 뒤안길로 사라진 유명했던 정치인들이 많습니다.
- 기술의 발전으로 종이 승차권이 역사의 뒤안길로 사라지게 되었다.
- 많은 학생들의 사랑을 받았던 헌책방들은 이제 역사의 뒤안길로 사라지고 있습니다.

N + 당하다 = N + 을/를 당하다 [to suffer; to be afflicted with] : '피동'의 뜻을 더해 준다. 보통 '~에 의해/에게/한테 ~당하다'로 쓰인다.

박탈하다 vs. 박탈을 당하다 (= 박탈당하다)

침략하다 vs. 침략을 당하다 (= 침략당하다)

무시하다 vs. 무시를 당하다 (= 무시당하다)

거절하다 vs. 거절을 당하다 (= 거절당하다)

📖 **본문**

1905년 일본에 의해 강제로 체결된 을사늑약으로 대한 제국(조선의 뒤를 이은 나라)은 모든 외교권을 일본에 **박탈당했으며**, 결국 1910년에는 국권을 잃고 말았다.

- 조선은 일본에 의해 국권을 박탈당했다.
- 한국은 주변국들에 의해 여러 번 침략당했다.
- 나쁜 사람들한테 위협당할 때는 경찰에 신고해야 한다.

V + 고 말았다 [to end up ~ing] : 어떤 일이 안타깝게도 끝내 일어났음을 나타내는 표현이다.

📖 **본문**

1905년 일본에 의해 강제로 체결된 을사늑약으로 대한 제국(조선의 뒤를 이은 나라)은 모든 외교권을 일본에 박탈당했으며, 결국 1910년에는 국권을 잃고 **말았다**.

- 약해진 통일 신라는 결국 고려에 나라를 내어 주고 말았다.
- 먹지 않으려고 했지만 짜장면이 너무 맛있게 보여서 그냥 먹고 말았다.
- 고구려는 열심히 싸웠지만 결국 안타깝게 당나라와 연합한 신라에 지고 말았다.

cf. ⟩ **V + 고 말 것이다** [will definitely do] : 말하는 사람의 강한 의지를 나타내는 표현이다.

- 이번에는 꼭 그 영화를 보고 말 거야!
- 내년 여름 방학에는 한국에 가고 말 것이다.

Wrap UP

❶ 지리적으로 중국과 가장 가까웠던 나라는 어디였습니까? (   )
① 고구려   ② 백제   ③ 신라   ④ 가야

❷ 발해를 세운 사람은 누구입니까? (   )
① 김춘추   ② 대조영   ③ 왕건   ④ 이성계

❸ 원나라에 흘러 들어가 유행한 고려의 문화를 무엇이라고 불렀습니까? (   )

❹ 다음은 지금까지도 한국에 남아 있는 몽골 문화입니다. 빈칸에 알맞은 말을 써 봅시다.
① 한국의 많은 사람들이 좋아하는 (   )은/는 분식집에 가면 먹을 수 있습니다. 주로 소나 돼지의 창자에 야채와 당면을 넣어서 만듭니다.
② 한국 사람들이 마시는 술 종류 중의 하나로, 맥주보다 더 많이 마시는 술입니다. 요즘은 과일 맛이 나는 (   )도 팝니다.
③ 소고기와 소뼈를 오랫동안 푹 삶은 국물에 밥과 다진 파 등을 넣어서 먹는 (   )은/는 한국 사람들이 아주 좋아하는 음식입니다. 칼슘과 콜라겐이 풍부한 음식으로, 날씨가 추운 계절에 많이 먹습니다.
④ 한국의 전통 결혼식에서 신부가 빨간색으로 두 볼과 이마에 둥근 점을 그린 것을 '(   ) 을/를 찍었다.'고 합니다.
⑤ 조선 시대 특별한 예식이 있을 때 여성들이 머리에 쓰는 관이었던 (   )은/는 요즘에도 한국의 전통 결혼식에서 사용되어 신부의 머리를 장식합니다.

❺ 다음 빈칸에 적합한 단어를 써 봅시다.

> 19세기 말의 조선은 서구 열강들에 대해 나라를 개방하지 않는다는 (   ) 정책에 따라 서양을 배척하자는 내용을 담은 (   )을/를 나라의 여러 곳에 세웠다.

❻ 대한 제국이 1905년 일본과 강제로 체결함으로써 모든 외교권을 일본에 박탈당했던 조약의 이름은 무엇입니까? (   )

❶① ❷② ❸고려양 ❹①순대 ②소주 ③설렁탕 ④연지 곤지 ⑤족두리 ❺문호 폐쇄, 척화비 ❻을사늑약

1. 고구려, 백제, 신라의 삼국이 당시 중국의 나라들과 어떤 이해 관계를 가지고 있었는지 본문 내용을 참고하여 이야기해 봅시다.

   Compare the relationships of Goguryeo, Baekje, and Silla with China and discuss.

2. 발해의 건국 배경을 요약하고, 발해의 건국이 한국의 역사에서 어떤 의미를 지니는지 말해 봅시다.

   Summarize the events that led to the founding of Balhae and discuss the significance of Balhae's establishment in the context of Korean history.

3. '조공'의 의미가 무엇인지 정리하고 현대의 강대국과 약소국의 관계에서도 '조공'과 같은 것이 존재하는지, 있다면 어떤 모습으로 존재하는지 이야기해 봅시다.

   Discuss the definition of "tribute" and how it relates to modern day global politics.

4. 조선 시대 흥선 대원군의 외교 정책에 대해서 어떻게 생각하는지 의견을 나누어 봅시다.

   Discuss the foreign policy of Heungseon Daewongun during the Joseon Dynasty.

For Your Information

44쪽

경주 태종 무열왕릉비 ⓒ 문화재청

김춘추는 신라와 당이 동맹을 맺는 데 크게 활약했고, 이후 왕(태종 무열왕)이 되어 백제를 멸망시켰다. 경상북도 경주시에 있는 태종 무열왕릉비는 현재 글씨를 새긴 중간 부분이 거의 남아 있지 않고, 거북 모양의 받침돌과 머릿돌만 남아 있다.

Stele of King Muyeol, Gyeongju

Kim Chun-chu played a significant role in forming an alliance between Silla and Tang China, and later became the king (King Taejong Muyeol) who conquered Baekje. His tomb, located in Gyeongju, Gyeongsangbuk-do, originally had a middle section with engraved inscriptions, but only the tortoise-shaped pedestal and headstone remain.

49쪽

족두리 ⓒ 국립중앙박물관

한국의 전통 결혼식 때 신부가 머리에 쓰는 관이다. 원나라의 간섭이 이루어지던 고려 시대 후기부터 사용되었다.

Jokduri, Bride's Headpiece

A headpiece worn by the bride during traditional Korean wedding ceremonies. It has been used since the Yuan Dynasty's influence on the late Goryeo Dynasty.

50쪽

남한산성 ⓒ 문화재청

경기도 광주시 남한산에 있는 산성이다. 한국은 국토의 2/3 이상이 산악 지대여서 고대로부터 산에 성을 쌓은 산성이 발달하였다. 남한산성은 북한산성과 함께 조선의 수도 한양을 지키는 역할을 하였다. 조선 시대 청나라가 일으킨 병자호란 때 인조는 이곳에 피신하여 청나라에 저항하였다. 남한산성은 역사적·문화적 가치를 높게 평가받아 2014년 유네스코 세계 문화유산으로 지정되었다.

Namhansanseong Fortress

This is a mountain fortress located on Namhan Mountain in Gwangju-si, Gyeonggi-do. Since more than 2/3 of Korea's landmass is mountainous, mountain fortresses have been utilized since ancient times. During the Joseon Dynasty, it played a role in protecting Hanyang, the capital of Joseon, alongside Bukhansanseong Fortress. Namhansanseong Fortress was designated as a UNESCO World Heritage Site in 2014 due to its historical and cultural value.

52쪽

척화비 ⓒ 문화재청

충청남도 홍성 지역에 남아 있는 이 척화비는 흥선 대원군이 프랑스와 미국의 침입 이후 세운 비석이다. 고종을 대신하여 나라를 운영했던 그의 아버지 흥선 대원군은 전국 각지에 척화비를 세웠다. 비석에는 '서양 오랑캐가 침입하는데 싸우지 않으면 화친(나라와 나라 사이에 다툼 없이 가까이 지냄)하는 것이요, 화친을 주장하는 것은 나라를 팔아먹는 짓이다.'라는 내용의 글이 새겨져 있다.

Cheokhwabi, Anti-foreign Stele

This Cheokhwabi, which still stands in Hongseong, Chungcheongnam-do, is a monument built by Heungseon Daewongun after the French and American invasions. Heungseon Daewongun, who ruled the country on behalf of his son King Gojong built many Cheokhwabi throughout the country. Engraved is an inscription that reads "If Western barbarians invade and you do not fight, you are keeping peace (staying close to each other without quarreling), and by keeping peace, you are selling the country."

3장 종교와 사상

Chapter 3   RELIGION AND PHILOSOPHY

1. 한국의 전근대 종교와 사상에 대해 서술한 글을 읽고 이해할 수 있다.
2. 한국인에게 영향을 미친 종교와 사상 등에 대한 글을 읽고 이야기할 수 있다.

◇ 한국의 토착 신앙은 어떤 것이었을까요?

◇ 불교는 한국에 언제, 어떻게 전해졌을까요?

◇ 유교는 한국인의 사상과 생활에 어떤 영향을 주었을까요?

◇ 동학과 천주교가 한국 사회에서 갖는 사회적 의의는 무엇일까요?

•종교와 한국인의 삶

1   •통계청의 2015년 인구 주택 총조사에 의하면, 대한민국 인구 중 56.1%는 •무교, 19.7%는 •개신교, 7.9%는 •천주교, 15.5%는 불교, 0.8%는 기타 종교를 믿는다. 무교를 제외하면 개신교와 천주교를 합한 기독교를 믿는 사람이 가장 많고, 불교를 믿는 사

5 람이 그 다음으로 많다. 한국의 긴 역사에 •비추어 볼 때, 비교적 최근에 •전래된 기독교가 현재 한국의 최대 종교로 자리잡았다.

  한편, 새로운 종교가 •유입될 때 기존의 사상과 시대적 상황과 •맞물려 지역에 따른 •특색이 나타나기도 한다. 이는 종교 역사에서 종종 발견되는 특징으로, 한국에서도 불교, •도교, 유교,

10 기독교 등이 유입되면서 한국의 독특한 종교 사상과 섞여 •복합적인 모습을 보여 주고 있다. 예를 들어서 한국의 불교는 도교와 •민간 신앙 및 풍수지리 사상이 •혼합된 특성을 갖고 있고, 한국의 기독교는 •세속적인 복을 구하는 독특한 모습을 보이기도 한다. 한국인 중 많은 사람들이 •무속 신앙을 믿는다고 대답하지

15 않으면서도 •점을 보러 가거나 •굿을 하는 등 알게 모르게 무속 신앙을 믿는 듯이 행동한다.

•종교
religion

•통계청
National Statistical Office

•무교
no religion

•개신교
Protestantism

•천주교
Catholicism

•비추어 볼 때
in light of; considering

•전래되다
to be handed down

•유입되다
to be introduced

•맞물리다
to interlink; to interconnect

•특색
a distinct characteristic

•도교
Taoism

•복합적인
complex; complicated

•민간 신앙
folk religion

•혼합되다
to be mixed

•세속적인
secular

•무속 신앙
shamanism

•점(을 보다)
fortunetelling

•굿을 하다
to exorcise

•철학
philosophy

•흥하다
to prosper; to thrive

•쇠하다
to decline

•뿌리내리다
to take root

•알게 모르게
unknowingly; unwittingly

•반영되다
to be reflected

이들 종교는 사상이기도 하고 **•철학**이기도 하며 생활 방식이기도 하다. 시대에 따라 **•흥하고** **•쇠한** 여러 종교와 사상은 한국인의 삶에 깊게 **•뿌리내려서** 언어와 생각 등에 **•알게 모르게** **•반**영되어 있다.

20

Q 다음 빈칸에 공통적으로 들어갈 말을 써 봅시다. (   )

• 효녀 심청에 대한 이야기가 ________되어 내려왔다.

• 〈해님 달님〉은 어린이들이 좋아하는 ________ 동화이다.

• 정부는 대대로 내려오는 ________ 문화를 계승하는 데 힘썼다.

승전 Ａ

Q 다음 단어의 <u>반대말</u>을 찾아 서로 연결해 봅시다.

❶ 흥하다	① 순수하다
❷ 무교이다	② 떨어지다
❸ 혼합되다	③ 종교가 있다
❹ 맞물리다	④ 쇠하다

Ａ ❶-④ ❷-③ ❸-① ❹-②

•토착 신앙

1   한국의 토착 신앙은 자연 •숭배 사상에서 출발한다. 부족 국가 시대에는 •풍작을 •기원하며 하늘에 •제사를 지내는 의식을 국가적인 차원에서 행하였고, 자연과 사물에 신들이 •존재한다고 믿었다. 이것이 종교화된 것이 무속 신앙, 즉 샤머니즘이다.

5   무속은 •초자연적인 존재와 인간을 연결해 준다고 생각하는 •무당을 통해 •신령에게 복을 빌고, 앞날을 점치며, 나쁜 일을 당하지 않도록 •비는 •풍속을 말한다. 무속 신앙에서는 물건이나 나무, 집, 자연의 현상에 어떠한 •영이 있다고 생각하기도 한다. 그리하여 죽은 •위인이나 다양한 종류의 귀신도 초자연적인 영 10 에 속하여 있고, 이들 중에는 좋은 영도 있으며 •잡귀 같은 나쁜 영도 있다고 믿는다. 무당은 굿을 하는데, 이를 통해 신령에게 인간의 소원을 빌어 준다. 굿은 대부분 복을 구하고 나쁜 일들을 없애 달라고 비는 의식이다.

   역사적으로 샤머니즘 또는 무속 신앙의 •흔적은 고조선의 건 15 국 •신화에서도 찾아볼 수 있다. 고려 시대인 13세기 승려였던 일연이 쓴 《삼국유사》에는 고조선의 건국에 대한 이야기인 〈단군 신화〉가 있다. 이 신화에 따르면 하늘의 신 '환인'의 아들인 '환웅'이 바람과 구름과 비를 •주관하는 신을 데리고 태백산으로 내려와 도시를 세웠는데, 이때 곰과 호랑이가 찾아와 인간이 되게

•토착
aboriginality; indigenous

•숭배
worship

•풍작
bountiful harvest

•기원하다
to pray; to wish

•제사
ancestral rites; memorial service (for ancestor)

•존재하다
to exist

•초자연적인
supernatural

•무당
shaman

•신령
spirit; deity; god

•빌다
to wish; to pray

•풍속
custom

•영
spirit; soul

•위인
great man

•잡귀
evil spirits

•흔적
trace

•신화
myth

•주관하다
to supervise; to run

《삼국유사》 ⓒ 국립중앙박물관
Samguk Yusa

•쑥
mugwort

•시기
period

•기원전
BC. (Before Christ);
BCE. (Before the Christian Era)

•구별하다
to distinguish

•섬기다
to serve

•부족
tribe

•토템
totem

•시조
progenitor; forefather

20 해 달라고 빌었다. 그러자 환웅은 마늘과 •쑥만 먹고 100일 동안 햇빛을 보지 않으면 사람이 될 것이라고 했다. 이 말을 지킨 곰은 결국 여자가 되어 환웅과 결혼해 단군을 낳았다. 그리고 이 단군이 지금의 평양에 조선을 세웠다고 한다. 그 •시기는 •기원전 2333년으로 본다. 후에 이성계가 세운 조선과 •구별하기 위해 25 현재는 고조선으로 불린다.

〈단군 신화〉에 나오는 이 이야기는 상징적인 내용으로 볼 수 있다. 대부분의 학자들은 하늘의 신을 •섬기며 주로 농사를 짓는 •부족이 태백산으로 이주해 그곳에 살고 있던 곰을 •토템으로 섬기는 부족과 함께 고조선을 건국한 것이 아닐까 추측한다.

30 고조선뿐만 아니라 신라에도 •시조 박혁거세가 알에서 태어

낳다는 탄생 신화가 전해진다. 고구려 동명성왕(추모왕, 주몽)도

하늘의 아들 '해모수'와 •강의 신 '하백'의 딸인 '유화' 사이에서

생겨난 알에서 태어났다는 신화가 전해진다. 여기에서도 하늘과

강 등의 자연에 존재하는 신령을 믿고 •숭배하는 민간 신앙의 모

35 습이 보인다.

•강
river

•숭배하다
to worship

Q 다음 단어 중 공통점이 **없는** 것을 골라 봅시다. (　　)

① 영　　　　② 신령　　　　③ 잡귀　　　　④ 흔적

A ④

Q 다음 빈칸에 들어갈 수 **없는** 말을 골라 봅시다. (　　)

• 전쟁이 끝나게 해 달라고 ＿＿＿＿＿＿＿＿＿＿＿＿＿＿.

① 점을 봤다　　　　　② 하나님께 기도했다
③ 굿을 했다　　　　　④ 신께 빌었다

A ①

삼국과 통일 신라의 불교

1　불교는 기원전 6세기경 인도의 •붓다라고 불리는 싯다르타

에 의해 •창시되었고, 삼국 시대에 중국을 통해 들어와서 일본으

로 전파되었다. 삼국은 각자 중국으로 유학생을 보내 불교를 배

워 왔다. 신라의 •고승으로 꼽히는 원효 대사는 불교의 가르침을

5 •대중화한 인물로 평가받고 있다. 그의 아들 설총은 당대 언어

•붓다
Buddha

•창시되다
to be founded

•고승
a priest of (high) virtue

•대중화하다
to popularize

1. 멀리서 바라본 경주 석굴암 석굴
2. 3. 4. 경주 석굴암 석굴
5. 경주 불국사 다보탑
ⓒ 문화재청
Seokgul Hermitage, Gyeongju (Seokguram Grotto, Gyeongju),
Dabotap Pagoda of Bulguksa Temple, Gyeongju

*표기법인 이두 문자를 정리한 것으로 알려져 있다. 불교에서는 인생이 곧 *고통이며, 고통은 *욕심에서 나오는 것이라고 말한다. 따라서 영원한 나 또는 나의 것은 없다는 것을 깨닫는 *수행을 통해 *집착과 욕심을 버려서 *해탈의 *경지에 이를 것을 목표

10 로 한다. 불교의 주요 사상으로는 *생로병사, *윤회설, *인연 등이 있다.

불교는 사상뿐만 아니라 문화적으로도 많은 영향을 미쳤는데, 한반도의 불교문화는 통일 신라 때에 크게 발달했다. 이 시기에 많은 절과 *불상, *석등, *석탑 등이 만들어져, 지금도 신라의

15 수도였던 경주에는 불국사, 석굴암, 석가탑, 다보탑, *성덕 대왕 신종 등 화려한 불교문화 *유산이 있다. 초창기의 불교는 *상류층의 관심을 끌었고, 국가 *지배층의 권력을 강화하는 데 중요한 역할을 하였다.

Q 다음 단어와 같은 뜻을 찾아 연결해 봅시다.

❶ 고승   ① 어떤 것에 늘 마음이 쏠려 잊지 못하고 매달림.

❷ 유산   ② 덕이 높은 승려.

❸ 수행   ③ 행실, 학문, 기예, 불도 따위를 닦는 데 힘씀.

❹ 집착   ④ 앞 세대가 물려준 사물 또는 문화.

A ❶-② ❷-④ ❸-③ ❹-①

---

*표기법
orthography

*고통
agony

*욕심
greed

*수행
practicing asceticism

*집착
obsession

*해탈
nirvana

*경지
stage; state

*생로병사
birth, aging, sickness, and death

*윤회설
doctrine of reincarnation

*인연
tie; connection; relationship

*불상
Buddhist statue

*석등
stone lantern

*석탑
stone pagoda; stone tower

*성덕 대왕 신종
Sacred Bell of Great King Seongdeok

*유산
inheritance; legacy; heritage

*상류층
the upper class

*지배층
ruling class

고려의 유교, 불교, 풍수지리 사상

* **언급되다**
  to be mentioned; to be stated

* **수양**
  developing; cultivating

* **호국**
  protecting nation

* **팔만대장경**
  Tripitaka Koreana,
  Tripitaka is the complete
  collection of Buddhist
  Sutras, Laws and Treatises,
  a collection of all the sacred
  writings of Buddhism.

* **대항하다**
  to fight back; to resist;
  to oppose

1 고려 태조 왕건이 쓴 〈훈요십조〉에는 불교, 유교, 풍수지리 사상이 모두 중요하게 •언급되고 있다. 특히 유교는 학문이자 정치 이념으로 발전했고, 불교는 학문과 철학 외에 자기 •수양의 종교로 발전했다.

5 고려 시대의 불교는 삼국 시대부터 나타난 '•호국 불교', 즉 나라를 보호하는 불교라는 성격을 유지했다. 태조 왕건은 〈훈요십조〉 제1조에서 나라의 큰일은 부처가 지켜 준 데 힘입은 것이라고 말했다. 이처럼 고려 시대의 불교가 호국 불교임을 보여 주는 또 다른 예로 경상남도 합천 해인사에 있는 •팔만대장경을 들 수

10 있다. 이는 고려에 침입한 몽골에 •대항해 부처님께 나라를 보호

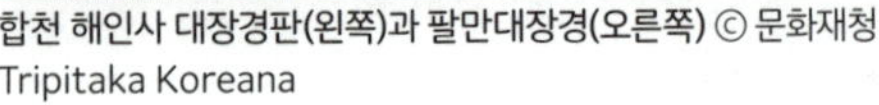

합천 해인사 대장경판(왼쪽)과 팔만대장경(오른쪽) ⓒ 문화재청
Tripitaka Koreana

해 달라고 비는 뜻에서 만든 *목판으로, 그 개수가 8만 개가 넘어 '팔만대장경'이라는 이름이 붙었다.

고려 불교의 또 다른 특징은 무속 신앙과 풍수지리 사상이 *결합된 모습을 보인다는 데 있다. 풍수지리 사상은 통일 신라의 15 승려 도선이 *체계화했는데, 〈훈요십조〉 제2조에서는 *사사롭게 여기저기 절을 세우는 것을 *경계하며 도선이 정해 놓은 곳이 아닌 곳에 *함부로 절을 세우면 안 된다고 했다. 제5조에서도 풍수지리 사상이 보이는데, 통일의 *대업을 달성한 것이 신라의 지리적 힘 덕분이라고 하며 서경(평양)을 중요한 곳으로 언급하고 있 20 다. 풍수지리 사상은 이후 묘청이 서경으로의 *천도를 주장할 때도, 조선이 도읍지(수도)를 정할 때도 영향을 미쳤다.

*목판
woodblock; woodcut

*결합되다
to be combined

*체계화하다
to systematize

*사사롭게
privately; informally

*경계하다
to watch; to look out

*함부로
recklessly; carelessly; rashly

*대업
great work

*천도
transfer of the capital

Q 다음 빈칸에 공통적으로 들어갈 말을 〈보기〉에서 골라 봅시다.

(   )

─〈 보기 〉─
직접   나중에   함부로   기쁘게

- 그 사람은 어느 누구에게도 _________ 대하는 법이 없다.
- 잘 모르면서 _________ 말하지 마라.

A 함부로

Q 다음 빈칸에 들어갈 말을 〈보기〉에서 골라 문장에 알맞게 써 봅시다.

─〈 보기 〉─
경계하다   대항하다   체계화하다   계승하다

❶ 그는 조심성이 많아서 낯선 사람을 항상 __________________.
❷ 그 교수는 자기 분야의 학문을 _________ 한 사람으로 유명하다.

A ❶ 경계한다   ❷ 체계화했다

조선의 유교

1   고려와는 다르게 조선은 유교의 왕조였다. 1392년 조선을 세운 이성계는 고려의 •잔재를 없애려고 노력했는데, 특히 당시 문제가 많았던 불교의 정치적·경제적 힘을 •억누르고 유교를 •숭상하는 '숭유억불' 정책을 폈다. 이제 더 이상 정치계에 설 곳이 없어진 불교는 그들을 향한 •억압과 •핍박을 피하여 떠나야 했다. 승려들은 큰 도시에서 멀리 떨어진 전국 여러 지방에 수많은 •사찰을 지었다. 이로 인해 불교가 일반 백성들에게 가까이 다가가 그들의 •고단한 삶을 위로해 주는 종교가 되었다.

유교는 삼국 시대 때 소개되어 조선 왕조 이전에 약 1천 년 전부터 전해져 왔다. 그리하여 고려 시대에는 많은 유교 학자들이 •배출되었고 정치 이념으로 발달했다. 특히 중국 남송 시대의 학자인 주자(주희)가 •집대성한 성리학(일종의 신식 유학)이 적극적으로 받아들여지면서 이를 깊이 연구한 고려의 학자와 정치인들이 생겨났다. 이들은 후에 새롭게 건국된 조선을 정치적·이념적으로 이끄는 지도층이 되었다.

조선 시대에 들어와서 유교는 국가의 적극적인 지원 하에 가족과 •풍습에 관한 •실천적인 •규범으로 변화하여 조선 사람의 삶과 생활 방식을 바꾸어 놓았다. 그리고 현재까지도 한국인의 생활에 많은 영향을 끼치고 있다.

•잔재
  vestige; trace

•억누르다
  to suppress; to control

•숭상하다
  to revere

•억압
  suppression; repression

•핍박
  persecution

•사찰
  Buddhist temple

•고단한
  tired; weary; fatigued

•배출되다
  to be produced

•집대성하다
  to compile

•풍습
  custom

•실천적인
  practical

•규범
  standard; norms; example

20   유교는 관계를 ⚬중시하는 사상이다. 그중 대표적인 것이 삼강오륜인데, '삼강'은 임금은 신하의, 아버지는 ⚬자식의, 남편은 아내의 본보기가 되어야 한다는 내용이다. '오륜'은 다섯 가지 핵심적인 관계를 가리키며, 다음과 같다.

부자유친   어버이와 자식 사이에는 친함이 있어야 한다.
군신유의   임금과 신하 사이에는 의로움이 있어야 한다.
부부유별   부부 사이에는 구별이 있어야 한다.
장유유서   어른과 아이 사이에는 차례와 질서가 있어야 한다.
붕우유신   친구 사이에는 믿음이 있어야 한다.

유교의 삼강오륜에 대해, 모든 사람이 자기의 ⚬몫(분수)을 가
25 지고 있다는 것을 가르쳐 주어 계층 간의 ⚬협력과 ⚬조화를 도왔다고 바라보는 의견이 있다. 하지만 점차 계층적인 질서로 받아들여져 아랫사람이 윗사람을 무조건 섬겨야 한다는 것처럼 ⚬왜곡되었다. 이런 점에서 유교가 조선 사회를 ⚬권위주의적·⚬가부장적 사회로 만드는 데 큰 역할을 했다고 보는 견해도 있다. 특
30 히 유교는 가족 내 규범에 큰 영향을 미쳐, 가족 단위의 풍습과 ⚬관습을 바꾸어 놓고 사람들이 서로 ⚬소통하는 방식 또한 변화시켰다.

무엇보다 유교는 여성의 ⚬지위를 떨어뜨렸다는 평가를 받고 있다. 조선 초기에는 유교적인 ⚬규율이 막 영향력을 ⚬미치기 시
35 작한 때여서 고려 시대와 마찬가지로 여성의 지위가 그렇게 낮지

⚬중시하다
  to lay stress on

⚬자식
  child; kid

⚬몫
  share

⚬협력
  cooperation; collaboration

⚬조화
  harmony; balance

⚬왜곡되다
  to be distorted

⚬권위주의적
  authoritative

⚬가부장적
  patriarchal;
  ruled or controlled by men

⚬관습
  custom; convention

⚬소통하다
  to communicate

⚬지위
  status; position; rank

⚬규율
  rule; regulation

⚬미치다
  to reach

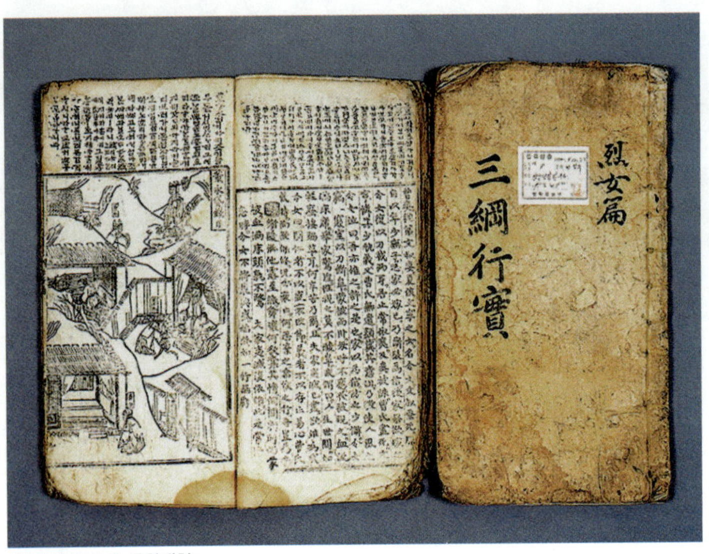

《삼강행실도》ⓒ 문화재청
Samgang Haengsildo

•살펴보다
　to look into; to examine

•서열
　rank; grade

•차별
　discrimination

•고르게
　evenly; uniformly

•분배되다
　to be allocated

•자리를 잡다
　to be established

•세습
　transmission by heredity

•상속되다
　to be inherited

•관행
　practice; custom

•우대
　special treatment

않았다. 16세기 신사임당의 어머니인 용인 이씨의 분재기(재산을 나누어 줄 것을 기록한 문서)를 •살펴보면, 성별이나 •서열에 의한 •차별 없이 •고르게 재산이 •분배되었음을 알 수 있다. 그러나 조선 후기로 갈수록 유교가 국가적 장려 하에 가정 내 규범으로 40 점점 •자리를 잡으면서 남성을 통한 •세습 체계가 굳어 갔다. 제사 비용을 지원하기 위한 목적으로 제사를 책임질 남성들에게만 재산이 •상속되었으며, 이러한 •관행으로 인해 장남과 장손을 •우대하는 관습이 자리를 잡았다.

Q 다음 빈칸에 알맞은 말을 써 봅시다.

❶ 경로 ________ (special treatment for the senior citizens)
❷ 남녀 ________ (discriminating man and woman)
❸ ________게 분배되다 (to allocate evenly)
❹ 사회적 ________ (social status)

A ❶ 우대 ❷ 차별 ❸ 고르 ❹ 지위

천주교와 동학

1   천주교는 17세기 무렵 중국에 다녀온 •사신들을 통해 '서학'이라는 이름의 학문으로 소개되었다. 그 후 1784년 조선 최초의 천주교 •신자가 •세례를 받았고, 19세기에 이르러서는 수천 명이 천주교로 •개종했다. 특히 •계급 사회였던 조선에서 천주교의 •평
5   등 사상은 백성들에게 희망을 주었다.

천주교에서는 제사를 지내지 못하게 했는데, 이로 인해 유교가 깊이 •뿌리박혀 있던 조선 지배층의 •반감을 샀다. 그들은 천주교의 •교리가 유교의 •예법을 무시하여 사회 질서를 흔든다고 생각했기 때문에 천주교를 금지해야 한다고 주장했다. 정조는 스
10   스로 •사그라질 것이라고 생각했기에 천주교에 대해 크게 •조치를 취하지 않았다. 그러나 1800년 정조가 •승하한 후 조선 조정은 천주교를 •대대적으로 •박해하기 시작했다. 1801년의 신유박

•사신
diplomatic representative

•신자
believer

•세례
baptism

•개종하다
to convert to

•계급
class; stratum

•평등
equality

•뿌리박히다
to be rooted; to be seated

•반감
hostility; antagonism

•교리
doctrine

•예법
courtesy; manners

•사그라지다
to subside; to wane;
to die down

•조치
action; step; measure

•승하하다
(a king) to die

•대대적으로
on a large scale; extensively

•박해하다
to persecute; to oppress

*순교하다
  to be martyred

*부조리
  irrationality; irregularities

*창시자
  progenitor

*몰락하다
  to fall; to be destroyed

*양반
  yangban; nobleman; gentry

*서자
  child of a concubine

*학문을 닦다
  to pursue learning

*벼슬길
  the way into the government service

*신분
  position; status; rank

해를 시작으로 1839년 기해박해, 1846년 최초의 조선인 신부인 김대건 신부가 순교한 병오박해, 그리고 1866년의 병인박해 때 15 까지 많은 천주교 신자들이 *순교했다.

동학은 1860년(철종 11년)에 최제우가 세운 종교로, '인간이 바로 하늘이다.'라는 인간 존중과 평등 사상을 기본으로 한다. 동학은 당시 사회의 *부조리에 대항하여 일어난 민중 운동 성격을 지닌 민족 종교이다. *창시자 최제우는 *몰락한 *양반의 *서자로, 20 *학문을 닦았으나 *벼슬길이 막혀 조정으로 나아가지 못했다.

당시의 조선은 *신분에 따라서 차별을 받던 백성들의 불만이 커지고, 정치적 무능과 관리들의 부패로 인해 사회적·경제적으

서울 양화나루와 잠두봉 유적지 ⓒ 문화재청
Historic Sites of Yanghwanaru Ferry and Jamdubong Peak, Seoul

로 위기 상황에 •처해 있었다. •엎친 데 덮친 격으로 역병과 홍

수 등의 재난이 발생하여 백성들은 고통을 겪었고 전국 각지에

25 서 농민 봉기가 발생했다. 이때 등장한 동학 사상은 위기의 나

라와 어려움에 처한 백성을 구해 줄 새로운 평등 사회를 꿈꾸게

하였다.

　　지방 관리들의 부패가 극에 달했던 1894년, 전봉준이 이끄는

동학 농민 운동이 일어났다. 동학은 그 이름에서도 알 수 있듯이

30 서학(천주교)에 대응하는 조선 •고유의 종교로서 •정체성을 가지

고 있다. 동학 사상에는 고유의 민간 신앙과 불교, 도교, 유교의

•윤리 및 우주론, 심지어 천주교의 사상도 섞여 있다.

•처하다
to face; to encounter

•엎친 데 덮친 격으로
to make matters worse

•고유의
unique; indigenous; distinct

•정체성
identity

•윤리
ethics; morality; morals

Q 다음 중 의미가 <u>다른</u> 하나를 골라 봅시다. (　　)

① 승하하다　　② 순교하다　　③ 죽다　　④ 박해하다

A ④

Vocabulary

어휘

무교

no religion
⑲ 믿는 종교가 없음.
그 사람은 무교다. 믿는 종교가 없다.

전래되다

to be handed down
⑧ 예로부터 전해져 내려오다.
효녀 심청에 대한 이야기가 오랜 세월 동안 사람들을 통해 전래되었다.

유입되다

to be introduced
⑧ 문화, 지식, 사상 등이 들어오게 되다.
외국의 다양한 문화가 국내로 유입되었다.

혼합되다

to be mixed
⑧ 뒤섞이어 한데 합해지다.
전통문화는 외래문화와 혼합되면서 변화했다.

흥하다

to prosper; to thrive
⑧ 번성하여 잘되어 가다.
사업이 흥하자 그는 상점 수를 늘려 갔다.

쇠하다

to decline
⑧ 힘이나 세력이 점점 줄어서 약해지다.
기력이 쇠하여 더 이상 여행을 할 수 없게 되었다.

반영되다

to be reflected
⑧ 빛이 반사하여 비치게 되다. 다른 것에 영향을 받아 어떤 현상이 나타나다.
모든 과제가 성적에 반영됩니다.

기원하다

to pray; to wish
⑧ 바라는 일이 이루어지기를 빌다.
여러분의 꿈이 이루어지길 기원합니다.

제사

ancestral rites; memorial service (for ancestor)
명 신령이나 죽은 사람의 영에게 음식을 바치어 정성을 나타냄. 또는 그런 의식.
유교에서는 조상들에게 제사를 드리는 것을 중요하게 여겼다.

초자연적

being supernatural // supernatural
명 자연을 초월한 그 어떤 존재나 힘에 의한 것. **관** 자연을 초월한 그 어떤 존재나 힘에 의한.
만일 초자연적인 능력 중 하나가 주어진다면 무엇을 선택할 것인가?

잡귀

evil spirits
명 잡스러운 모든 귀신.
그는 온갖 잡귀들을 물리치기 위해 굿을 했다.

흔적

trace
명 어떤 현상이나 실체가 없어졌거나 지나간 뒤에 남은 자국이나 자취.
여기 세워 두었던 자전거가 흔적도 없이 사라졌다.

신화

myth
명 예부터 전해져 내려오는 신성한 이야기. 민족의 태고 때 역사나 설화 등이 주된 내용이다.
어릴 적에 신라의 시조 박혁거세가 알에서 태어났다는 탄생 신화를 읽어
본 적이 있다.

주관하다

to supervise; to run
동 어떤 일을 책임지고 맡아 관리하다.
이번 말하기 대회는 우리 학교에서 주관합니다.

섬기다

to serve
동 신(神)이나 윗사람을 잘 모시어 받들다.
그는 나이가 많은 부모님을 잘 섬긴다.

숭배하다

to worship
동 신이나 부처 등의 종교적 대상을 우러러 신앙하다.
잉카 제국이 태양신을 숭배했던 흔적이 남아 있다.

대중화하다

to popularize
동 대중 사이에 널리 퍼져 친숙해지다. 또는 그렇게 되게 하다.
그는 국악을 대중화하기 위해 노력했다.

욕심

greed
명 분수에 넘치게 무엇을 탐내거나 누리고자 하는 마음.
그의 지나친 욕심이 화를 불렀다.

집착
obsession
명 어떤 것에 늘 마음이 쏠려 잊지 못하고 매달림.
그는 집착이 강하다.

유산
inheritance; legacy; heritage
명 죽은 사람이 남겨 놓은 재산, 앞 세대가 물려준 사물, 문화.
그는 부모님이 물려주신 유산으로 풍족하게 생활하였다.

수양
developing; cultivating
명 몸과 마음을 갈고닦아 품성이나 지식, 도덕 따위를 높은 경지로 끌어올림.
다른 사람의 말에 마음이 상하지 않으려면 인격 수양을 더 해야 한다.

사사롭다
[사사롭게]
to be personal; to be private [privately; informally]
형 개인적인 범위나 관계의 성질이 있다.
나라를 위하는 일에 사사롭게 생각하지 말자.

경계하다
to watch; to look out
동 옳지 않은 일이나 잘못된 일들을 하지 않도록 타일러서 주의하게 하다.
태조 왕건은 후대 왕들에게 경계하는 내용을 담은 〈훈요십조〉를 남겼다.

잔재
vestige; trace
명 과거의 낡은 사고방식이나 생활 양식의 찌꺼기.
일제 식민 시대의 잔재를 깨끗이 씻어 버려야 한다.

사찰
Buddhist temple
명 승려가 불상을 모시고 불도를 닦으며 부처의 가르침을 베푸는 집.(＝절)
한국에는 아름다운 불교 사찰이 많다.

고단하다
to be tired; to be weary; to be fatigued
형 몸이 지쳐서 기운이 없다. 일이 몹시 피곤할 정도로 힘들다. 처지가 좋지 못해 몹시 힘들다.
오늘은 몹시 고단한 하루였다.

집대성하다
to compile
동 여러 가지를 모아 하나의 체계를 이루어 완성하다.
중국 남송 시대의 주희는 성리학을 집대성하였다.

실천적
being practical // practical
명 계획, 생각한 것을 실제로 행하는 것. **관** 계획, 생각한 것을 실제로 행하는.
이런 문제는 실천적인 노력 없이 이론만으로는 해결할 수 없다.

규범	standard; norms; example **명** 인간이 행동하거나 판단할 때에 마땅히 따르고 지켜야 할 가치 판단의 기준. 모든 사회에는 지켜야 할 도덕적 규범이 있다.
중시하다	to lay stress on **동** 가볍게 여길 수 없을 만큼 매우 크고 중요하게 여기다. 겉모습보다는 마음을 중시한다.
몫	share **명** 여럿으로 나누어 가지는 각 부분. 네 몫으로 남겨 놓은 거니까 네가 가져가라.
권위주의적	being authoritative // authoritative **명** 권위를 내세우는 것. **관** 권위를 내세우는. 그는 권위주의적인 태도 때문에 인기가 없었다.
가부장적	being patriarchal; being ruled or controlled by men // patriarchal **명** 가장이 가족에 대한 지배권을 행사하는 것. **관** 가장이 가족에 대하여 갖는 절대적인 권력을 행사하는. 조선 사회는 남성 중심의 가부장적인 사회였다.
고르다 [고르게]	to be even; to be uniform [evenly; uniformly] **형** 여럿이 다 높낮이, 크기, 양 따위의 차이가 없이 같다. 유산을 차별 없이 고르게 분배해야 자식들 간에 다툼이 없다.
분배되다	to be allocated **동** 각각의 몫으로 나뉘다.(＝배분되다) 기부된 장학금이 장학생들에게 분배되었다.
세습	transmission by heredity **명** 한 집안의 재산이나 신분, 직업 등을 대대로 물려주고 물려받음. 부의 세습은 흔한 일이다.
관행	practice; custom **명** 오래전부터 해 오는 대로 함. 또는 관례에 따라서 함. 그 감독은 오랜 관행을 깨고 선수들을 실력 순으로 선발했다.
개종하다	to convert to **동** 믿던 종교를 바꾸어 다른 종교를 믿다. 그는 사랑하는 여인과 결혼하기 위해 천주교로 개종하였다.

반감	hostility; antagonism **명** 반대하거나 반항하는 감정. 친구한테 조언했다가 반감을 사서 사이가 멀어졌다.
예법	courtesy; manners **명** 예의로써 지켜야 할 규범. 예의에 관한 모든 절차나 질서. 음식을 손으로 먹는 것은 식사 예법에 어긋난다고 배웠다.
사그라지다	to subside; to wane; to die down **동** 기운이나 현상 따위가 가라앉거나 없어지다. 친구가 미안하다고 사과하자 마음속의 화가 사그라졌다.
부조리	irrationality; irregularities **명** 이치에 맞지 않거나 도리에 어긋남. 또는 그런 일. 사회의 부조리를 없애기 위해 맞서 싸워야 한다.
몰락하다	to fall; to be destroyed **동** 재물이나 세력 등이 쇠하여 하찮아지다. 멸망하여 모조리 없어지다. 몰락한 양반이라도 양반의 지위는 유지하였다.
벼슬길	the way into the government service **명** 예전에, 나랏일을 맡아 다스리는 자리로 나아가는 것을 이르던 말. 옛날에는 벼슬길에 오르려면 과거 시험에 합격해야 했다.
정체성	identity **명** 변하지 아니하는 존재의 본질을 깨닫는 성질. 또는 그 성질을 가진 독립적 존재. 그는 미국에서 태어났지만 한국인으로서의 정체성을 잃지 않았다.

표현

N + 에 비추어 보다 [in light of; judging from/by] : 무엇에 견주거나 관련시켜 생각할 때 사용하는 표현이다.

본문

한국의 긴 역사에 **비추어 볼 때**, 비교적 최근에 전래된 기독교가 현재 한국의 최대 종교로 자리잡았다.

- 그의 성격에 비추어 보면, 그런 일을 하고도 남는다.
- 내 경험에 비추어 볼 때, 이런 일은 조용히 해결하는 게 좋다.
- 그 학생의 잠재력에 비추어 볼 때, 그는 분명히 과학자로 성공할 것이다.

알게 모르게 [unknowingly; unwittingly] : 알기는 하나 거의 의식하지 않은 상태로 일어나는 일을 나타낼 때 사용하는 표현이다.

📖 **본문**

한국인 중 많은 사람들이 무속 신앙을 믿는다고 대답하지 않으면서도 점을 보러 가거나 굿을 하는 등 **알게 모르게** 무속 신앙을 믿는 듯이 행동한다.

- 상부상조의 전통은 우리 사회에 알게 모르게 스며들어 있다.
- 같은 나라 사람이라는 이유로 서로 알게 모르게 도와주고 있다.
- 우리가 선택하는 많은 일들이 알게 모르게 우리의 미래를 결정한다.

V + 기 위한 목적으로 = V + (으)ㄹ 목적으로 [with the purpose of~] : 앞의 동작이나 행위가 뒤의 상황이나 행동이 발생하게 된 목적을 나타낼 때 사용하는 표현이다.

📖 **본문**

제사 비용을 지원하기 **위한 목적으로** 제사를 책임질 남성들에게 재산이 상속되었으며, 이러한 관행으로 인해 장남과 장손을 우대하는 관습이 자리를 잡았다.

- 그는 한국어를 습득하기 위한 목적으로 한국에 왔다.
- 한글은 백성을 이롭게 하기 위한 목적으로 만들어졌다.
- 모여서 함께 책을 읽고 토의하기 위한 목적으로 독서 모임을 만들었다.

엎친 데 덮친 격으로 [to make matters worse] : 어떤 어려운 일이나 불행이 겹쳐서 일어날 때 사용하는 표현이다. (=설상가상으로)

📖 **본문**

엎친 데 덮친 격으로 역병과 홍수 등의 재난이 발생하여 백성들은 고통을 겪었고 전국 각지에서 농민 봉기가 발생했다.

- 홍수가 났는데 엎친 데 덮친 격으로 어젯밤 폭우까지 내렸다.
- 사업이 망하자 엎친 데 덮친 격으로 아내도 집을 나가 버렸다.
- 시험 당일에 늦어서 뛰어가다가 엎친 데 덮친 격으로 미끄러져서 다리를 다쳤다.

Wrap UP

❶ 다음 빈칸에 알맞은 말을 써 봅시다.

> 《삼국유사》에 나오는 〈단군 신화〉에 따르면 마늘과 쑥을 먹으며 햇빛을 보지 않고 견딘 (　　　)이/가 여자가 되어 환인의 아들 (　　　　　)와/과 결혼하여 (　　　　　)을/를 낳았다고 한다.

❷ 다음 중 한반도에 가장 <u>늦게</u> 들어온 종교는 무엇입니까? (　　　)
① 도교　　　　② 불교　　　　③ 유교　　　　④ 천주교

❸ 고려 시대 불교의 특징이 <u>아닌</u> 것은 무엇입니까? (　　　)
① 호국 불교　　　　　　　② 무속 신앙과 풍수지리 사상이 결합된 모습
③ 자기 수양의 종교　　　　④ 정부의 박해를 받음.

❹ 오늘날 경주에 가면 볼 수 있는 불교 문화유산이 <u>아닌</u> 것은 무엇입니까? (　　　)
① 팔만대장경　　② 석굴암　　③ 불국사　　④ 성덕 대왕 신종

❺ 삼강오륜의 '오륜'과 그에 대한 설명을 찾아 연결해 봅시다.
① 부자유친　　　　　　㉠ 친구 사이에는 믿음이 있어야 한다.
② 군신유의　　　　　　㉡ 어버이와 자식 사이에는 친함이 있어야 한다.
③ 부부유별　　　　　　㉢ 부부 사이에는 구별이 있어야 한다.
④ 장유유서　　　　　　㉣ 임금과 신하 사이에는 의로움이 있어야 한다.
⑤ 붕우유신　　　　　　㉤ 어른과 아이 사이에는 차례와 질서가 있어야 한다.

❻ 동학의 기본적인 교리는 무엇인지 두 가지를 모두 써 봅시다.
(　　　　　　　　　　　　　　　,　　　　　　　　　　　　　　　)

Critical Thinking

(1) 한국 건국 신화인 〈단군 신화〉에 나타난 무속 신앙적인 모습을 찾아 이야기해 봅시다.

Discuss the shamanistic beliefs depicted in the Korean foundation myth, 〈The Myth of Dangun〉.

(2) 불교가 한반도 삼국에 유입된 때를 각각 이야기해 보고, 불교가 한국인의 삶에 어떤 변화를 가져왔는지 함께 이야기해 봅시다.

Discuss when Buddhism was introduced to Goguryeo, Baekje, and Silla, and the changes it brought to the lives of Korean people.

(3) 동학이 생겨난 배경에 대해 이야기해 보고, 동학 농민 운동이 한국 역사에서 갖는 의미에 대해 말해 봅시다.

Discuss the background behind the emergence of Donghak, and the significance of the Donghak Peasant Movement in Korean history.

(4) 탐구 활동

조선 시대 지배 이념으로 자리한 유교가 당시 사람들에게 끼친 영향을 생각해 보고, 오늘날 한국어에 남아 있는 유교적 사고 방식이나 생활 방식을 조사하여 이야기해 봅시다.

예 〉 남녀칠세부동석

Exploratory Activity

Think about the influence of Confucianism, which served as the dominant ideology during the Joseon Dynasty, on the people of that time. Investigate and discuss the Confucian modes of thinking and lifestyle that still exist in the Korean language and society today.

e.g. 〉 A boy and a girl should not sit together after they have reached the age of seven.

For Your Information

70쪽

《삼국유사》 ⓒ 국립중앙박물관

《삼국유사》는 고려 후기의 승려 일연이 쓴 역사서로, 〈단군 신화〉가 기록된 가장 오래된 책이다. 한국의 고대 역사를 살펴볼 수 있는 오래된 역사책이나, 원판은 전해지지 않는다.

Samguk Yusa

This book is a historical book written by the Buddhist monk Il-yeon during the late Goryeo dynasty. It is the first compilation to include the 〈The Myth of Dangun〉. It is a historical book that allows one to examine ancient Korean history, but the original edition has not been preserved.

72쪽

경주 석굴암 석굴, 경주 불국사 다보탑 ⓒ 문화재청

경상북도 경주시에 있는 석굴암은 불상을 모신 석굴로, 통일 신라 시대 김대성이 불국사를 지을 때 함께 세운 절인 '석불사'를 말한다. 그가 죽은 후 국가에서 완성하였고, 오늘날에는 석굴암 석굴로 불리고 있다. 예술적 우수성을 인정받아 유네스코 세계 문화유산으로 지정되었다. 다보탑은 통일 신라 때 만들어진 석탑으로 경주 불국사 내에 있으며 복잡하고 화려한 모습을 하고 있다. 한국의 10원짜리 동전에 다보탑이 새겨져 있다.

Seokgul Hermitage, Gyeongju (Seokguram Grotto, Gyeongju)
Dabotap Pagoda of Bulguksa Temple, Gyeongju

Seokgul Hermitage is a stone cave that enshrines Buddhist statues and is referred to as 'Seokbulsa', which was established together with Bulguksa Temple by Kim Dae-seong during the Unified Silla period. It was completed by the state after his death and is now called Seokgul Hermitage. Located on Mt. Tohamsan in Gyeongju, Gyeongsangbuk-do, Seokgul Hermitage, along with Bulguksa Temple, is a representative ancient Buddhist site in Korea and has been designated as a UNESCO World Heritage Site for its religious significance and artistic excellence. The Dabotap Pagoda is a stone pagoda created during the Unified Silla period and is located within Bulguksa Temple. It has a complex and splendid appearance. The Dabotap Pagoda is engraved on the 10-won coin in Korea.

74쪽

합천 해인사 대장경판과 팔만대장경 ⓒ 문화재청

팔만대장경은 고려 시대의 문화유산으로, 8만 장이 넘는 방대한 분량이지만 잘못된 글자나 빠진 글자가 거의 없고 글씨가 아름답다고 평가받고 있다. 경상남도 합천군에 있는 절인 해인사에 보관되어 있다. 합천 해인사 장경판전은 1995년 유네스코 세계 문화유산으로 지정되었고, 팔만대장경은 2007년 유네스코 세계 기록유산으로 지정되었다.

Tripitaka Koreana

As a cultural heritage of the Goryeo period, it consists of over 80,000 woodblocks, and is highly regarded for its accuracy and its impeccable calligraphy. It is preserved in Hapcheon-gun, Gyeongsangnam-do, known as 'Haeinsa' temple. The Janggyeongpanjeon of Haeinsa was designated as a UNESCO World Heritage Site in 1995, and the Tripitaka Koreana was designated as a UNESCO Memory of the World Register in 2007.

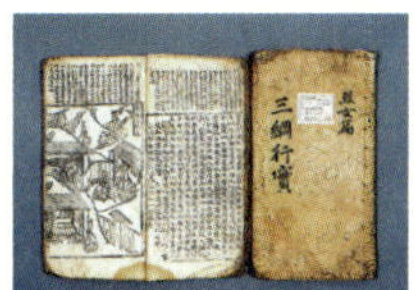

78쪽

《삼강행실도》 ⓒ 문화재청

조선 시대에 세종의 명에 따라 펴낸 윤리·도덕 교과서에 해당한다. 모범이 될 만한 충신·효자·열녀의 이야기를 글로 쓰고 그림으로 표현하였다. 조선 시대 중심 사상인 유교의 가치관을 이해할 수 있는 책이다.

Samgang Haengsildo

This book was published during the Joseon Dynasty under the order of King Sejong. It serves as an ethical and moral textbook, portraying stories of exemplary loyal subjects, filial sons, and virtuous women through written text and illustrations. It provides insights into the core Confucian values that were central to the ideology of the Joseon Dynasty and helps in understanding the ethical framework of Confucianism during that time.

80쪽

서울 양화나루와 잠두봉 유적지 ⓒ 문화재청

서울 서쪽 한강변에 위치한 양화나루는 잠두봉과 함께 서울로 들어오는 관문이었다. 1866년 병인박해 때 많은 천주교 신자들이 이곳에서 순교했다. 그래서 '절두산(머리가 잘린 산)'이라고도 불린다.

Historic Sites of Yanghwanaru Ferry and Jamdubong Peak, Seoul

Located on the western bank of the Han River in Seoul, Yanghwa Ferry was one of the gateways to enter Seoul along with Jamdubong (Jamdu Peak). During the Byeongin persecution in 1866, many Catholics were martyred at this location. Therefore, it is also known as "Jeoldusan", which means "Mountain of Beheading" in reference to the martyrs.

4장 사회
Chapter 4 SOCIETY

◇ 한국 사회에서 계급은 언제부터 생겨났을까요?

◇ 한국의 전근대사를 통틀어 계층 이동이 가능했을까요?

◇ 한국 사회에서 신분 제도는 어떻게 변화했을까요?
　그 이유는 무엇일까요?

신분 제도와 전근대 사회

1   전근대 사회의 특징 중 하나는 세습되는 신분 •계급이 존재
했고, 이것이 사회 구조의 •기반이 되었다는 점이다. 이러한 사
회에서는 •소수의 •특권을 가진 지배층이 •다수를 •착취하며 지
배한다. 한국의 역사에서는 •청동기 시대부터 이러한 •계급 분
5 화가 •이루어진 것으로 보인다. 즉, 농경의 발달로 생산물이 증
가하면서 •사유 재산이 발생하였고 더 많은 것을 가지기 위해
다투면서 계급이 •형성된 것으로 보인다. 청동기 시대부터 나타나
는 •고인돌은 권력자의 등장을 의미한다.

•계급
 class; stratum

•기반
 base

•소수
 minority

•특권
 privilege

•다수
 majority

•착취하다
 to exploit; to extort

•청동기 시대
 Bronze Age

•계급 분화
 class division

•이루어지다
 to be fulfilled; to be achieved

•사유 재산
 private property

•형성
 formation; development

•고인돌
 dolmen

강화도 부근리 고인돌 ⓒ 문화재청
Ganghwado Bugeun-ri Dolmen

•신분 제도
  status system;
  hierarchical system

•노비
  slave; servant

•존재하다
  to exist

•흡수되다
  to be absorbed

•전쟁 포로
  prisoner of war

•채무자
  debtor

•순장
  burial of the living with the
  dead

•전투
  battle

초기의 •신분 제도를 살펴보면, •노비는 오래 전 부족 국가에
10 서도 •존재하였다. 예를 들어 부여(기원전에 세워져 5세기 말 고구
려에 •흡수된 국가)의 사회 계층은 귀족, 마을의 지배층, 평민, 그
리고 노비로 구성되어 있었는데, •전쟁 포로, •채무자, 사람을 죽
인 자의 가족 등이 노비가 되었다. 노비는 귀족 등의 지배층이 소
유할 수 있고 •순장 제도가 있어서 주인이 죽으면 노비 등을 산
15 채로 함께 묻었다. 한편 전쟁이 일어나면 평민들은 •전투에 참여
할 수 없었고, 식량을 공급하는 일 정도만 할 수 있었다.

Q 다음 중 서로 반대말로 연결되지 않은 것을 골라 봅시다. (　　)

① 소수-다수　　　　② 빈-부

③ 순장 제도-신분 제도　　④ 채무자-채권자

A ③

Q 다음 빈칸에 알맞은 말을 써 봅시다.

"나는 생각한다. 그러므로 나는 ＿＿＿＿＿＿＿＿＿＿＿＿＿."

(I think, therefore I am.)

A 존재한다

삼국 시대와 통일 신라의 신분 제도와 사회상

1   •태생에 따른 신분 제도는 삼국 시대에 어느 정도 확립된 듯 보인다. 삼국은 소수의 귀족들이 지배하는 사회였는데, 이들은 땅을 •정복하고 포로를 노비로 삼아 부를 •쌓았다. 삼국 시대에는 수도와 지방 간 사회적·신분적 차별이 있어서 아무리 •부유

5 한 지방의 지도층이라도 •중앙 권력으로의 •진출이 쉽지 않았다. 지방에서 작은 땅을 소유한 •자영농인 평민들에게는 •조세, •공

•태생
  birth; origin

•정복하다
  to conquer

•쌓다
  to accumulate

•부유한
  rich; weathy

•중앙 권력
  central power

•진출
  advance

•자영농
  landed farmer

•조세
  taxation

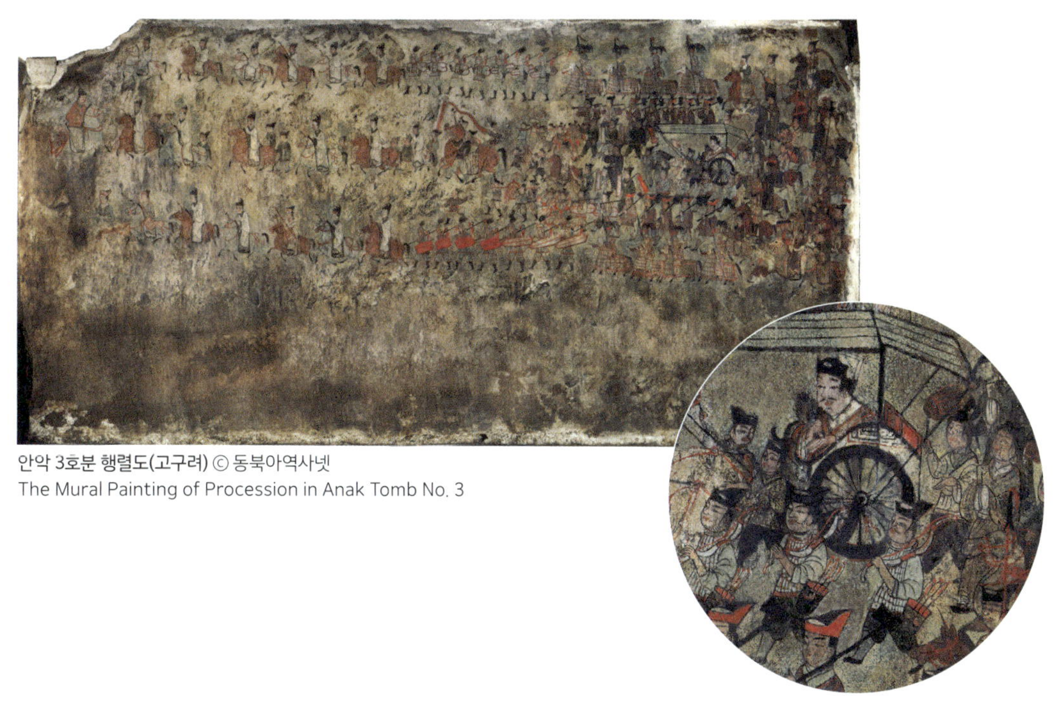

안악 3호분 행렬도(고구려) ⓒ 동북아역사넷
The Mural Painting of Procession in Anak Tomb No. 3

97

•공납
the tribute of local specialty products that were offered to the central government

•부역
the labor force that the state mobilized in pre-modern society

•의무
obligation; duty

•부곡민
a group of people who were yangmin but were treated as slaves due to various reasons during the Three Kingdom Periods

•세금
tax

•죄인
criminal

•증여
giving

•상속되다
to be inherited

•고분 벽화
ancient tomb mural

•섬세한
delicate; subtle

•호전적인
aggressive

•활쏘기
archery

•말타기
horseback riding

•시종
attendant

•무용수
dancer

•병합하다
to merge

•기득권
vested rights; vested interests

납, •부역의 •의무가 있었다. 그 아래 계급으로는 •부곡민이 있었는데, 이들은 정복당한 땅의 주민들로 일반적인 평민보다 더 심한 •세금 부담을 지는 등 사회적 차별을 받았다. 전쟁 포로나 •죄인 등으로 구성된 가장 낮은 계급인 노비는 귀족에 의해 매매와 •증여, •상속되었다.

고구려는 •고분 벽화를 통해 귀족층 주도의 사회였음을 알 수 있다. 귀족 중에서도 최상류층은 죽으면 왕족과 마찬가지로 •섬세한 벽화들이 그려져 있는 장식된 무덤에 묻혔다. 이들 고분 벽화에는 말을 타고 사냥하며 활을 쏘는 모습도 있는데, 고구려인의 •호전적인 모습뿐 아니라 그들이 •활쏘기와 •말타기에 뛰어났음을 보여 준다. 또한 벽화에서 주인은 크게 그리고 •시종들은 작게 그림으로써 신분의 차이를 보여 주는데, 주인·시종 및 •무용수 모두 화려한 의상을 입고 있다.

백제의 지배층은 왕족인 부여씨와 8성의 귀족으로 이루어졌고, 그 아래에는 평민과 노비가 있었다.

신라는 지방의 작은 나라들을 •병합하는 과정에서 지배층의 •기득권을 유지하기 위해 '•골품제'라는 신분 제도를 만들었다. 출신에 따라서 성골과 진골로 나누고, 그 아래로 6두품에서 1두품까지 두었으며, 계급 간의 •구별은 •엄격했다. 본래 왕위는 성골만이 계승할 수 있었는데, 성골에서 남자가 없어 성골 여성인 선덕 여왕이 왕이 되었고 이후 진골도 왕의 자리에 올랐다. 골품

최치원의 초상 ⓒ 국립중앙박물관
Portrait of Choe Chi-won

제도로 인해 신라는 역사상 드물게 3명의 여왕이 나올 수 있었
다. 삼국 시대 신라의 선덕 여왕과 진덕 여왕, 통일 이후의 진성
30 여왕이 그들이다. 신라에도 많은 수의 노비가 존재한 것으로 보
이고, 평민은 대부분 농업에 종사했으며, •수공업·•어업·•수렵·
상업 등에 종사하기도 했다. 신라의 신분 제도는 철저해서, 골품
에 따라 올라갈 수 있는 •관등의 •한계, 결혼 상대, 입을 수 있는
옷의 색깔, 사는 집의 크기 등이 정해졌다.

35 　신라의 골품제가 얼마나 •폐쇄적이었는지를 보여 주는 예로
장보고와 최치원을 들 수 있다. 통일 신라의 장보고는 9세기에

•골품제
bone-rank system

•구별
distinction

•엄격하다
to be strict

•수공업
handicraft industry

•어업
fishing industry

•수렵
hunting

•관등
official rank

•한계
limitation

•폐쇄적이다
to be closed; to be exclusive

•청해진
Cheonghaejin Fort, historic site of Wando Island

•설치하다
to install

•탁월한
outstanding

•발휘하다
to demonstrate; to exercise

•막강한
powerful; strong

•추대하다
to select as head (king, president)

•혼인
marriage

•미천하다
to be humble; to be low in rank or status

•좌절되다
to be broken; to fail

•반감
hostility; antagonism

•암살당하다
to be assassinated

•진입
entry; ingression

•과거 시험
civil service examination

•고위직
high-ranking position

•직위
position

•제약
restriction; limitation

지금의 완도 지방에 •청해진을 •설치하고 일본 및 중국과의 무역에서 •탁월한 능력을 •발휘하여 •막강한 경제적·군사적 권력을 지니게 되었다. 그는 신무왕을 왕으로 •추대하는 데 큰 공을 세웠고, 자신의 딸을 신무왕의 아들인 문성왕과 •혼인시키기로 약속받을 정도로 세력이 강했다. 하지만 신분이 •미천하다는 이유로 딸의 결혼은 •좌절되었고, 장보고는 귀족들에게 •반감을 사서 결국 •암살당했다. 그는 개인의 뛰어난 능력으로 높은 지위에 올랐으나, 낮은 신분 때문에 중앙 지배층으로의 •진입에는 실패하였다.

최치원은 통일 신라 시대의 탁월한 지식인으로, 12세에 당나라에 유학을 떠났고 이후 당의 •과거 시험에 합격하여 벼슬길에 올랐다. 그는 20대 후반에 신라로 귀국하여 •고위직에 올랐지만 6두품의 한계로 더 높은 •직위에 오를 수 없었다. 이렇듯 신라의 골품제 아래에서는 아무리 유능해도 신분 상승에 •제약을 받을 수밖에 없었다.

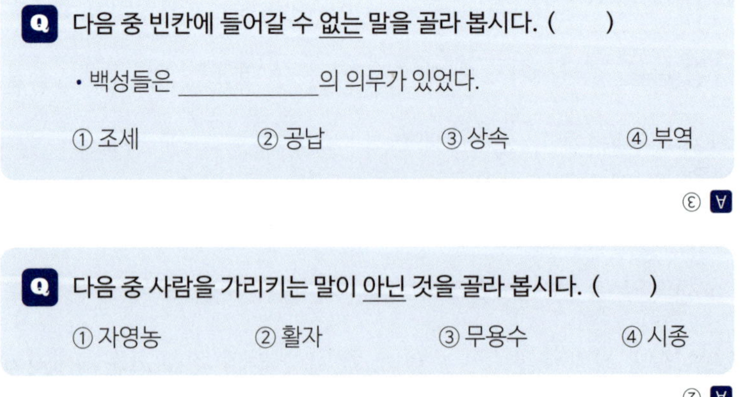

고려의 신분 제도와 사회상

1 　고려에는 *문반과 *무반으로 이루어진 *양반, *하급 관리와 하급 *장교 등으로 이루어진 중간 계층, 그리고 *양민과 *천민이 있었다. 이들 중 양반과 중간 계층은 지배층이었고 양민과 천민은 피지배층이었다. 농민·상인·수공업자 등이 양민에 속했고, *공 5 노비, *사노비 등이 천민에 속했다. 양반, 중간 계층, 양민은 모두 합쳐서 '양인'이라 하기도 했다.

　고려의 신분제는 신라의 골품제보다 한층 *유연했다. 광종 9년(958년) 과거 제도를 시행하여 *인재를 *골고루 *등용하였는데, 노비나 부곡민 등을 제외한 모든 양인은 과거를 통해 *관직 10 에 진출할 수 있었다. 물론 양인은 여러 계층으로 나뉘어져 있어서 출세의 기회가 평등하다고 볼 수 없었다. 양인과 노비 사이의 결혼은 금지되었고 노비 세습제는 유지되었다.

　여러 가지 *경로로 계층 이동이 일어나기도 했는데, 양민이 범죄에 대한 처벌이나 가난으로 인해 노비로 *전락하기도 했다. 15 지방의 호족이 과거 시험에 합격하여 중앙의 양반이 되기도 하였고, 군인이 공을 세워 양반이 되기도 하였다.

　고려 시대의 신분 질서에 큰 *변화를 일으킨 몇몇 사건이 있는데, 그중 하나가 광종 7년(956년)에 실시된 노비안검법이다. 이 법은 원래 양민이었다가 노비가 된 사람들을 조사하여 해방시켜

*문반
civil official

*무반
military official

*양반
yangban; nobleman; gentry

*하급 관리
low-ranking government official

*장교
commissioned officer

*양민
people who were not engaged in serfdom

*천민
the lowest class of people

*공노비
public slave

*사노비
private slave

*유연하다
to be flexible

*인재
person of talent

*골고루
evenly; equally

*등용하다
to appoint

*관직
public office; public service

*경로
route

*전락하다
to fall; to degenerate

*변화
change; alteration

•혼란기
period of chaos

•정변
political upheaval

•멸시받다
to be despised

•변동
change

•난
rebellion

20 준 것이다. 지방 호족들이 신라 말 •혼란기에 양민을 불법적으로 노비로 만들어 소유하고 있었기 때문에 호족들을 견제하기 위한 조치였다.

또 다른 사건인 무신 •정변(1170년)으로 그동안 •멸시받던 무신들이 권력을 얻게 되면서 신분 질서에 많은 •변동이 일어났다. 25 특히 천민 출신이었던 무신들도 지배층으로 상승하는 것을 본 농민과 노비들이 신분 상승의 목적으로 자주 •난을 일으켰다. 그 중 한 예가 '만적의 난'이다. 이는 만적이라는 노비가 노비 해방 운동을 시도한 것으로, 비록 실패로 돌아갔지만 당시 신분 제도 의 불합리성에 대항한 신분 해방 운동이라는 점에서 중요한 의 30 미를 지닌다.

Q 다음 빈칸에 공통적으로 들어갈 말을 써 봅시다. (   )

• 어떤 ___________로 그 사실을 알게 되었습니까?
• 운전하다가 ___________를 이탈하는 (go off course) 일이 종종 있다.
• 여러 ___________를 통해 그 섬에 갈 수 있지만 사람들은 배를 타고 가는 것을 추천한다.

A 경로

조선의 신분 제도와 사회상

1 조선은 고려 시대 양반 •위주의 신분 제도를 그대로 유지하였다. 지배층인 양반은 문반과 무반을 합쳐서 부르는 말로, 이들은 과거 시험을 통해 관직에 올랐다. 피지배층인 상민(평민)은 농업·공업·상업에 •종사하는 사람들이었고, 천민은 노비·•백정·
5 •창기·무당·•광대 등이었다. 그리고 양반과 상민의 중간층도 있었다. 이들은 기술직, •역관, 의관 등으로서 '•중인'으로 불리게 되었다.

조선 후기에 들어서면서 유교의 영향으로 여성의 지위가 •하락하였다. 유산을 •물려줄 때도 딸은 남자 형제보다 적게 받거
10 나 받지 못했고, 여성들의 사회 활동은 점차 줄어들었다. 그리고 어머니가 •첩이거나 신분이 낮거나 •재혼한 경우 그 자식에 대한 차별이 있었다. 양반 가정에서는 •본처에게서 난 아들이 없으면 첩의 아들 대신 민 친척을 법적 •상속인으로 삼기 위해 •입양하는 풍습도 늘어났다.

15 양반가 •자제로서 어머니가 양인 첩이면 '서자', 천인 첩이면 '얼자'라고 하였는데, 둘을 합쳐서 '서얼'이라고 했다. 19세기에 이르러 이들의 수가 엄청나게 늘어나 주요 사회 세력의 하나로 성장했다. 이들은 다른 양반 자제처럼 교육을 받고 •지적으로, 그리고 문화적으로 •풍요로운 환경에서 성장하였음에도 불구하고 주

•위주
mostly; mainly with

•종사하다
to work (at/in); to be engaged in

•백정
butcher

•창기
prostitute

•광대
entertainer; performer; clown

•역관
official interpreter

•중인
the group of people who were lower than yangban and higher than sangmin during the Joseon Dynasty

•하락하다
to drop; to fall; to decrease

•물려주다
to leave; to bequeath

•첩
concubine; mistress

•재혼하다
to remarry

•본처
one's (lawful/legal) wife; first wife

•상속인
inheritor

•입양하다
to adopt

•자제
someone's child (honorific)

•지적으로
intellectually

•풍요로운
rich; affluent

•실학
practical learning, Silhak
scholars studied practical
matters to improve people's
lives in the Joseon Dynasty.

•부당성
injustice

•실용적
practical

•전문적
professional

•지식
knowledge

•실무
actual business

•실질적으로
actually

•의료
medical treatment

•천문
astronomy

•지리
geography

•행정
administration

•민원
civil complaint

•통역관
interpreter

•교류하다
to exchange; to interact

•접하다
to encounter; to learn about

•주창하다
to advocate

20 요 벼슬길로 나아가지 못했다. 하지만 이들은 예술 작품을 통해 사회를 비판하거나 •실학 사상을 적극적으로 받아들여 발전시키는 등 사회 발전의 중요한 역할을 하였다.

조선 후기는 변화의 시대였다. 사회의 부조리와 신분 제도의 •부당성에 대해 저항하는 목소리가 생겨났고 노비들을 해방시키 25 려는 시도도 있었다. 본래 지배층인 양반은 성리학을 공부하여 과거 시험을 통해 중앙 관직에 올라 나라의 일을 하였다. 권력 싸움에서 밀리거나 벼슬을 하지 못하여 몰락한 양반도 있었으나, 대체로 양반은 신체 노동보다 학문을 쌓는 지적인 활동에 집중했다. 그런데 조선 후기에는 몰락한 양반이 크게 늘어나 일반 농민 30 과 비슷한 생활을 하기도 했다.

사회에서 •실용적·•전문적 •지식이 요구되는 중요한 분야의 •실무는 •실질적으로 중인이 담당했다. 중인은 •의료, •천문, •지리, 외교, 통역, 문학, 음악, 미술 등의 분야에서 일했고 지방에서 •행정 실무를 맡아 백성들의 •민원을 담당하기도 했다. •통역관 35 중에는 청나라나 일본과 •교류하면서 서양의 신문물과 학문, 사상을 일찍부터 •접하여 앞서간 사람들이 많았다. 특히 백성들의 삶에 실질적인 도움이 되는 학문인 실학을 •주창한 북학파 중에도 중인(서얼)이 있었다.

정조(왕)는 많은 개혁을 이룬 것으로 유명하다. 정조는 당시의 40 관행을 깨고 박제가, 이덕무, 유득공 등의 중인(서얼)을 등용하였

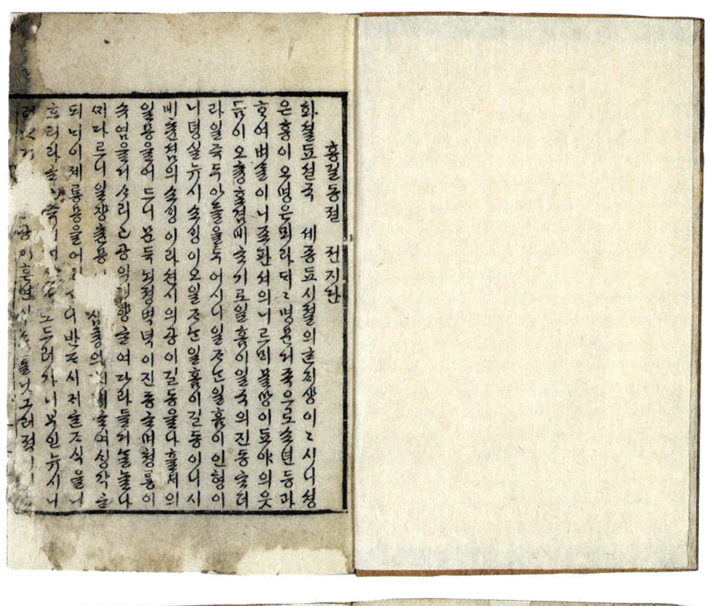

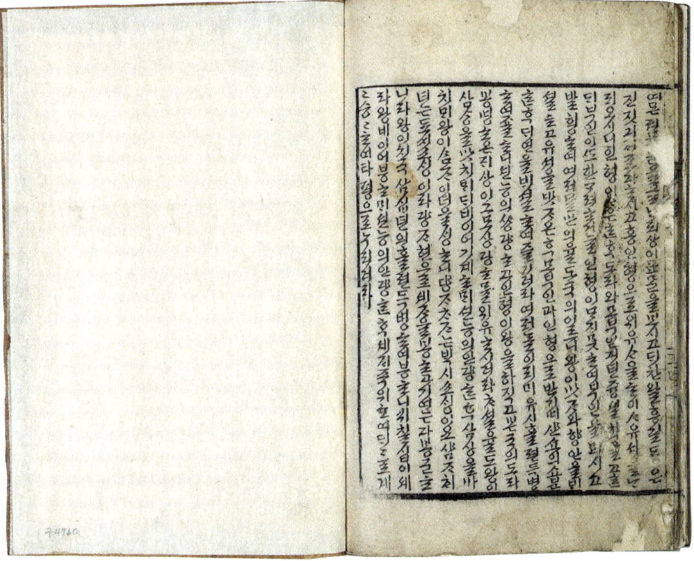

《홍길동전》 ⓒ 국립중앙박물관
The Tale of Hong Gildong

•노비 제도
slavery system

•폐지하다
to abolish

•부상하다
to emerge

•저항하다
to resist

•비판
criticism

•탕평책
a policy that attempted
to balance political forces
between factions during late
Joseon

•족보
family tree; genealogy

•위조하다
to forge; to fabricate

•행세(를) 하다
to pretend; to act;
to pose as somebody

•상품 화폐 경제
commodity money economy

•기근
famine

•재정
finance; financial affairs

•마련하다
to prepare; to arrange

•한시적으로
temporarily

•납속
a system to raise finances that
was implemented to support
national finances or relief
measures during the Joseon
Dynasty

으며, •노비 제도를 •폐지하려고 시도하였다. 중인은 이후 근대화가 이루어졌을 때 전문 인력으로 •부상하여 사회 곳곳에 진출하였다.

45 조선 후기에 널리 읽힌 한글 소설 《홍길동전》은 주인공인 홍길동을 통해 능력이 탁월함에도 불구하고 서자로 태어나 받는 차별과 한계를 보여 주며 사회를 비판했다. 신분 제도의 부조리에 •저항하는 목소리는 사회의 곳곳에서 다양한 경로를 통해 나타났다. 그러나 당시 신분 제도의 부당성에 대한 •비판은 노비 제도에 대한 반대보다는 서얼 차별에 대한 반대가 대부분이었다는 50 한계가 있다. 임진왜란 이후 서얼들에 대한 차별이 다소 줄었고, 영조(왕)에 이어 인재를 차별없이 등용하는 정책인 •탕평책을 실시한 정조의 시대에 서얼의 등용 기회가 넓어졌다.

조선 후기로 오면서 신분 제도가 무너지기 시작했는데, 양반의 수가 급격히 증가하였고 상민과 노비의 수는 감소하였다. 박 55 지원이 쓴 소설 《양반전》에는 부자가 가난한 양반으로부터 양반의 신분을 사려는 이야기가 나오는데, 이처럼 돈으로 신분을 사거나 •족보를 •위조해 양반 •행세를 하는 평민이 많았다. 즉, 농사법의 발달로 부자가 된 농부나 •상품 화폐 경제의 발달로 부자가 된 상인이 늘면서 양반으로의 신분 상승이 많이 일어났다.

60 전쟁이나 •기근이 있을 때에 국가 •재정을 •마련하기 위해 •한시적으로 시행했던 •납속 제도를 이용하여 곡식이나 돈을 주고

고려 시대와 조선 시대의 신분 제도

노비 신분으로부터 벗어나기도 하였다. 임진왜란과 병자호란 때 많은 수의 노비들이 도망간 데다가 양인들에게만 해당되던 군역 등을 •감당할 사람들이 필요해서 정부가 노비들을 해방시켜 주기도 했다. 순조 임금 때인 1801년에는 공노비 중 일부만 남기고 6만 6천 명을 평민으로 해방시켜 주었다. 결국 1886년 고종 임금이 노비 세습제를 폐지하였고, •갑오개혁(1894년)이 일어나면서 노비제와 신분제가 •법적으로 폐지되었다. 동학 농민 운동(1894년)은 노비 제도를 폐지하는 데 큰 영향을 주었다.

•감당하다
 to bear

•갑오개혁
 a reform movement promoted during the reign of King Gojong

•법적으로
 legally

Q 다음에서 '사람'을 가리키는 말을 <u>모두</u> 골라 동그라미로 표시해 봅시다.

• 통역관, 광대, 백정, 첩, 실무, 상속인, 자제, 본처, 천문

A 통역관, 광대, 백정, 첩, 상속인, 자제, 본처, 천문

Vocabulary

계급

class; stratum
명 사회에서 신분, 재산, 직업 등이 비슷한 사람들로 형성되는 집단. 또는 그렇게 나뉜 사회적 지위.
요즘은 부의 많고 적음으로 계급이 나뉘는 것 같다.

기반

base
명 기초가 되는 바탕. 또는 사물의 토대.
그는 젊었을 때 생활의 기반을 다져서 편안한 삶을 누릴 수 있었다.

소수

minority
명 적은 수.
소수의 의견도 존중해야 한다.

특권

privilege
명 특별한 권리.
젊음의 특권을 누려라.

이루어지다

to be fulfilled; to be achieved
동 어떤 대상에 의하여 일정한 상태나 결과가 생기거나 만들어지다. 뜻한 대로 되다.
이루어질 수 없는 사랑.

노비

slave; servant
명 남의 집에서 일하던 사람을 이르는 말.
노비는 천한 신분이었다.

존재하다

to exist
동 현실에 실제로 있다.
세상을 움직이는 보이지 않는 힘이 존재한다.

채무자

debtor
명 특정인에게 일정한 빚을 갚아야 할 의무를 가진 사람.
채무자를 찾아가 빚을 갚으라고 독촉했다.

정복하다	to conquer (통) 남의 나라나 언어·풍습이 다른 민족을 무력으로 쳐서 복종시키다. 다른 나라를 정복하여 땅을 넓혔다.
쌓다	to accumulate (통) 경험, 기술, 업적, 지식 등을 거듭 익혀 많이 이루다. 그는 차근차근 공부하여 실력을 쌓았다.
중앙 권력	central power (명) 중앙 정부가 나라를 다스리기 위한 힘. 중앙 권력을 분산하기 위해 지방 자치제를 실시하기로 했다.
진출	advance (명) 어떤 방면으로 활동 범위나 세력을 넓혀 나아감. 그 가수가 정계 진출을 선언했다.
자영농	landed farmer (명) 자신의 소유인 땅에서 농사를 짓고 직접 경영하는 농민. 요즘은 고향으로 돌아가 농사를 짓는 자영농이 늘고 있다.
의무	obligation; duty (명) 사람으로서 마땅히 해야 할 일. 규범에 의하여 부과되는 부담이나 구속. 투표는 국민의 의무이자 권리이다.
증여	giving (명) 다른 사람에게 물건을 선물로 줌. 그 집은 할아버지로부터 증여에 의하여 받은 재산이다.
호전적	being aggressive // aggressive (명) 싸우기를 좋아하는 것. (관) 싸우기를 좋아하는. 그들은 호전적 민족이었다.
병합하다	to merge (통) 둘 이상의 기구나 단체, 나라 등이 하나로 합쳐지다. 또는 그렇게 만들다. (= 합병하다) 몇몇 중소기업이 병합하여 대기업이 되었다.
수렵	hunting (명) 총이나 활 또는 길들인 매나 올가미 등으로 산이나 들의 짐승을 잡는 일. 이 구역에서는 야생 동물 보호를 위해 수렵이 금지되어 있다.

관등

official rank; civil service grade
(명) 관리나 벼슬의 등급.
고구려, 백제, 신라는 관등 제도를 마련하였다.

한계

limitation
(명) 사물이나 능력, 책임 따위가 실제 작용할 수 있는 범위. 또는 그런 범위를 나타내는 선.
그는 자신의 한계를 시험해 보려고 에베레스트산 등정에 도전했다.

폐쇄적

being closed; being exclusive // closed
(명) 외부와 통하거나 교류하지 않는 것. (관) 외부와 통하거나 교류하지 않는.
그는 폐쇄적인 성격 때문에 친구가 없었다.

탁월하다

to be outstanding
(형) 남보다 두드러지게 뛰어나다.
탁월한 능력 덕분에 일찍 성공했다.

암살
[암살당하다]

assassination [to be assassinated]
(명) 몰래 사람을 죽임.
그는 믿었던 신하에 의해 암살당했다.

제약

restriction; limitation
(명) 조건을 붙여 내용을 제한함. 또는 그 조건.
친구를 만나는 데 제약이 생겼다.

공노비

public slave
(명) 나라 기관에 속하여 있던 노비.
조선 시대의 노비는 국가에 속한 공노비와 개인에 속한 사노비로 나누어졌다.

사노비

private slave
(명) 돈이 많고 세력이 있는 집에서 사적으로 소유한 노비.
조선 시대의 사노비는 주인의 말을 잘 들어야 했다.

유연하다

to be flexible
(형) 부드럽고 연하다.
그는 유연한 태도 덕분에 어떠한 상황에서도 적응할 수 있었다.

골고루

evenly; equally
(부) '고루고루'의 준말. 여럿이 다 차이가 없이 엇비슷하거나 같게. 두루두루 빼놓지 아니하고.
음식을 골고루 먹어야 건강해진다.

전락하다	to fall; to degenerate

동 아래로 굴러떨어지다. 나쁜 상태나 잘못된 길로 빠지다.
그는 도박에 빠져 모든 돈을 잃고 노숙자로 전락하였다.

혼란기	period of chaos

명 뒤죽박죽이 되어 어지럽고 질서가 없는 시기.
내가 인생의 혼란기를 겪을 때 친구가 큰 도움이 되었다.

종사하다	to work (at/in); to be engaged in

동 어떤 일을 직업으로 삼아 일하다.
그는 주말마다 같은 직종에 종사하는 사람들과 모임을 갖는다.

첩	mistress; concubine

명 정식 아내 외에 함께 사는 여자.
조선 시대에는 양반들이 아내 외에도 여러 명의 첩을 두기도 했다.

입양하다	to adopt

동 가족 구성원으로 자식이 될 아이를 들이다.
그 부부는 한국에서 아이를 입양하였다.

자제	someone's child (honorific)

명 남을 높여 그 집안의 젊은이를 이르는 말.
그 선생님의 자제들은 다 선생님을 닮아 올곧게 잘 자랐다.

실용적	being practical // practical

명 실제로 쓰기에 알맞은 것. **관** 실제로 쓰기에 알맞은.
선물은 실용적인 것이 좋다.

전문적	being professional // professional

명 어떤 분야에 상당한 지식과 경험을 가지고 그 일을 잘하는 것.
관 전문으로 하거나 그 분야에 속하는.
그 일을 하려면 전문적인 지식이 필요하다.

실질적	being actual // real; actual

명 실제로 있는 본바탕과 같거나 그것에 근거하는 것. **관** 실제의 내용과 같은.
이 일의 실질적인 책임자는 그였다.

접하다	to encounter; to learn about

동 가까이 대하다.
나는 스마트폰을 처음 접했을 때의 그 신기함을 잊지 못한다.

주창하다

to advocate
(동) 주의나 사상을 앞장서서 주장하다.
학생들은 독재 반대를 주창하며 거리로 나왔다.

폐지하다

to abolish
(동) 실시하여 오던 제도나 법규, 일 등을 그만두거나 없애다.
미국은 오래 전에 노예 제도를 폐지했다.

저항하다

to resist
(동) 어떤 힘이나 조건에 굽히지 아니하고 거역하거나 버티다.
많은 의병들이 일어나 일본에 저항하였다.

비판

criticism
(명) 현상이나 사물의 옳고 그름을 판단하여 밝히거나 잘못된 점을 지적하다.
그의 행동은 많은 비판을 받았다.

위조하다

to forge; to fabricate
(동) 어떤 물건을 속일 목적으로 꾸며 진짜처럼 만들다.
그는 신분증을 위조했다.

기근

famine
(명) 농사가 잘되지 않아 먹을 양식이 모자라 굶주림.
기근이 들어서 백성들의 생활은 점점 더 힘들어졌다.

마련하다

to prepare; to arrange
(동) 필요한 것을 준비하거나 헤아려서 갖추다.
올해는 집을 마련해서 이사하고 싶다.

한시적

being temporary // temporary
(명) 일정한 기간이 정해져 있는 것. (관) 일정한 기간이 정해져 있는.
이 가게는 한시적인 휴업 상태다.

N + (으)로 보이다 [seems to be] : 무엇이 어떠하다고 생각되거나 판단될 때 사용하는 표현이다.

본문

신라에도 많은 수의 노비가 존재한 것으로 보이고, 평민은 대부분 농업에 종사했으며, 수공업·어업·수렵·상업 등에 종사하기도 했다.

- 아무래도 이번에는 합격하기 힘들 것으로 보인다.
- 제 어머니는 아름다우셔서 지금도 30대로 보이세요.
- 지속적인 경기 침체로 그 회사가 부도난 것으로 보인다.

N + 에도 불구하고, V, Adj + ㄴ데도 / 는데도 / 은데도 불구하고 [even though] : 기대할 수 있는 것과 다르거나 반대되는 어떠한 행동을 할 때 사용하는 표현이다.

본문

이들은 다른 양반 자제처럼 교육을 받고 지적으로, 그리고 문화적으로 풍요로운 환경에서 성장하였음에도 불구하고, 주요 벼슬길로 나아가지 못했다.

- 그는 비가 많이 오는데도 불구하고 외출을 했다.
- 그녀는 수줍은 성격에도 불구하고 할 말은 꼭 했다.
- 그는 아픈데도 불구하고 늦게까지 시험 공부를 했다.

Wrap UP

❶ 청동기 시대에 계급 분화가 이루어졌음을 알게 해 주는 문화유산을 본문에서 찾아 써 봅시다.
(   )

❷ 주인이 죽으면 노비도 산 채로 함께 땅에 묻는 제도를 무엇이라고 합니까? (   )

❸ 고구려의 벽화를 통해 알 수 <u>없는</u> 고구려인들의 모습을 골라 봅시다. (   )
① 호전적인 면이 있었다.　　　　　　　② 활쏘기와 말타기에 뛰어났다.
③ 귀족층 주도의 계급 사회였다.　　　　④ 키가 작은 사람들은 시종이 되었다.

❹ 신라의 골품 제도에 관한 설명 중 <u>틀린</u> 것을 골라 봅시다. (   )
① 지배층의 기득권을 유지하기 위해 만들었다.
② 성골, 진골, 6두품에서 1두품의 신분이 있었다.
③ 골품에 따라 결혼 상대, 옷의 색깔, 사는 집의 크기가 정해졌다.
④ 계급 간의 구별이 엄격했지만 유능한 사람은 계급을 바꿀 수 있었다.

❺ 고려 광종 7년에 원래 양민이었다가 노비가 된 사람들을 해방시켜 준 법은 무엇입니까?
(   )

❻ 다음 중 만적의 난에 대한 설명으로 옳은 것을 골라 봅시다. (   )
① 일종의 노예 해방 운동이었다.
② 고구려 때 일어난 농민들의 난이다.
③ 천민 출신 무신이었던 만적이 신분 차별에 분노하여 일으킨 난이다.

❼ 조선 시대의 중인에 대한 설명 중 <u>틀린</u> 것을 골라 봅시다. (   )
① 조선 후기 사회 변화를 이끌었다.
② 서얼은 아버지가 양반이므로 중인에 속하지 않았다.
③ 양반과 상민의 중간에 있는 사람들을 중인이라 불렀다.
④ 실용적이고 전문적인 지식이 요구되는 분야의 실무를 담당했다.

❶ 고인돌 ❷ 순장 제도 ❸ ④ ❹ ④ ❺ 노비안검법 ❻ ① ❼ ②

1. 삼국 시대와 고려 시대 신분 제도상 공통점과 차이점에 대해 이야기해 봅시다.

Discuss the similarities and differences between the social class systems in the Three Kingdoms period and in Goryeo.

2. 고려 시대 신분 질서에 변화를 일으킨 사건들과 그것이 사회에 끼친 영향에 대해 말해 봅시다.

Talk about the events that brought changes to Goryeo's social hierarchy and the impact they had on society.

3. 신분 제도를 중심으로, 조선 시대 전기와 후기 사회를 비교해 봅시다.

Compare the early and late periods of Joseon in terms of social structure, with a focus on the class system.

For Your Information

95쪽

강화도 부근리 고인돌 ⓒ 문화재청

강화도 부근리에 있는 고인돌이다. 고인돌은 청동기 시대 지배자의 무덤으로, 이를 통해 청동기 시대에 계급이 생겨났음을 알 수 있다. 전 세계적으로 우리 나라에 가장 많은 고인돌이 분포하고 있다. 2000년에 강화·고창·화순의 고 인돌이 유네스코 세계 문화유산으로 지정되었다.

Ganghwado Bugeun-ri Dolmen

This dolmen is located near Bugeun-ri in Ganghwado Island. Dolmens are tombs of rulers from the Bronze Age, indicating the emergence of social classes during that time. Korea has the highest concentration of dolmens in the world. In 2000, dolmens in Ganghwado Island, Gochang, and Hwasun were designated as UNESCO World Heritage Sites.

97쪽

안악 3호분 행렬도(고구려) ⓒ 동북아역사넷

고구려 때 만들어진 무덤 '안악 3호분'의 벽화 중 하나로, 황해남도 안악군 오 국리에 있다. 이 벽화에서 소가 끄는 수레에 탄 주인공과 호위 무사, 세 줄로 나 뉜 행렬을 이끄는 말 탄 문무 대신들, 그리고 뒤따르는 악대 등을 살펴볼 수 있 다. 이를 통해 계층 사회였던 고구려의 사회상과 고구려인의 생활상을 엿볼 수 있다.

The Mural Painting of Procession in Anak Tomb No. 3

One of the murals found in the Anak tomb No. 3 from the Goguryeo period is located in O-guk-ri, Annak-gun, Hwanghaenam-do. In this mural, you can observe the protagonist riding in a cart pulled by cows, accompanied by guards, followed by a three-line procession led by mounted warriors and a trailing musical band. Through this mural, you can catch a glimpse of the hierarchical social structure and way of life of Goguryeo.

99쪽

최치원의 초상 ⓒ 국립중앙박물관

통일 신라 말의 학자였던 최치원의 초상화이다. 최치원은 당나라에서 유학하면서 그곳의 과거에 급제하였고, 당나라를 어지럽히던 농민 반란의 수장인 황소를 토벌하기 위해 지은 《토황소서》로 이름을 떨쳤다. 이후 그는 신라에 귀국하여 개혁을 꿈꾸었으나, 중앙 귀족들의 반발에 부딪혀 여기저기 떠돌다 자취를 감추었다.

Portrait of Choe Chi-won

This is a portrait of Choe Chi-won, a scholar during the Unified Silla period. Choe Chi-won studied in Tang China and achieved high ranks there. He gained fame for his work *Tohwangsoseo* which aimed to suppress Hwang So, the leader of the peasant rebellion, which was causing unrest in the Tang Dynasty. After returning to Silla, he dreamt of implementing reforms but faced resistance from the central aristocracy. As a result, he wandered from place to place, hiding his whereabouts.

105쪽

《홍길동전》 ⓒ 국립중앙박물관

《홍길동전》은 조선 중기의 문신이었던 허균이 지은 것으로 알려진 우리나라 최초의 한글 소설이다. 양반집의 서자로 태어난 홍길동을 통해 사회적 불평등을 비판하였다. 조선 후기에 서민 문화가 발달하면서 《홍길동전》, 《춘향전》, 《심청전》 등 한글 소설이 유행하였다.

The Tale of Hong Gildong

This book is known as the first Hangeul novel, written by Heo Gyun, a scholar-official during the mid-Joseon period. It portrays social criticism and dissatisfaction through the character of Hong Gildong, who was born as the illegitimate son of a yangban (noble class) and a concubine. During the late Joseon period, as popular culture among the commoners flourished, Korean novels such as *The Tale of Hong Gildong*, *The Tale of Chunhyang*, and *The Tale of Simcheong* gained popularity.

5장 경제

Chapter 5 ECONOMY

◇ 한반도의 지리적 특성은 어떤가요?

◇ 한국 역사의 시대별 경제 상황은 어떠했을까요?

◇ 조선 시대 노비는 경제에 어떤 영향을 미쳤을까요?

한반도의 지리적 특성

1 　삼국과 통일 신라, 고려, 그리고 조선이 •세찬 역사의 •소용돌이 속에서 숱하게 반복한 갈등과 통합, 그리고 분열의 무대였던 한반도는 •유라시아 대륙의 동쪽에 자리 잡고 있다. 현재 한반도는 •북위 34도에서 43도 사이에 위치해 있어서 •북반구 •중위도

5 지역에 해당하며(일본이나 그리스, 또는 이탈리아와 비슷한 •위도에 위치해 있다.) •냉대, •온대 기후에 속한다. 대체적인 기후는 사람들이 살기에 알맞으나, 좁은 •국토에 비해서 겨울에는 북쪽과 남쪽의 기온 차이가 심하고 사계절의 변화가 뚜렷하다. 그리고 한반도는 삼면이 바다로 둘러싸여 있기 때문에 •대륙과 •해양의 영

10 향을 동시에 반아 •계절풍 기후의 특징도 보인다.

　동쪽으로는 •동해를 사이에 두고 일본과 마주 보며, 서쪽으로는 •황해를 사이에 두고 중국과 마주 보고 있다. 남쪽으로는 •남해가 있으며 한반도에서 가장 큰 섬인 제주도의 남쪽에는 •동중국해가 있다. •육지 북쪽으로는 •압록강과 •두만강을 •경계로 하

15 여 중국 및 러시아와 접하고 있는데, 백두산에서 흘러나와 각각 남서쪽과 북동쪽으로 흐르는 이 두 강이 바로 조선 시대인 15세

•세찬
　strong; powerful

•소용돌이
　whirlpool; swirl

•유라시아
　Eurasia, Europe and Asia

•북위
　north(ern) latitude

•북반구
　northern hemisphere

•중위도
　middle latitude

•위도
　latitude

•냉대, 온대 (기후)
　microthermal, temperate
　(climate)

•국토
　national territory

•대륙
　continent

•해양
　ocean; sea

•계절풍 기후
　monsoon climate

•동해
　the Donghae; the East Sea

•황해
　the Yellow Sea

•남해
　the Southern Sea

•동중국해
　East China Sea

•육지
　continent

•압록강
　Amnokgang River

•두만강
　Dumangang River

•경계
　boundary; border

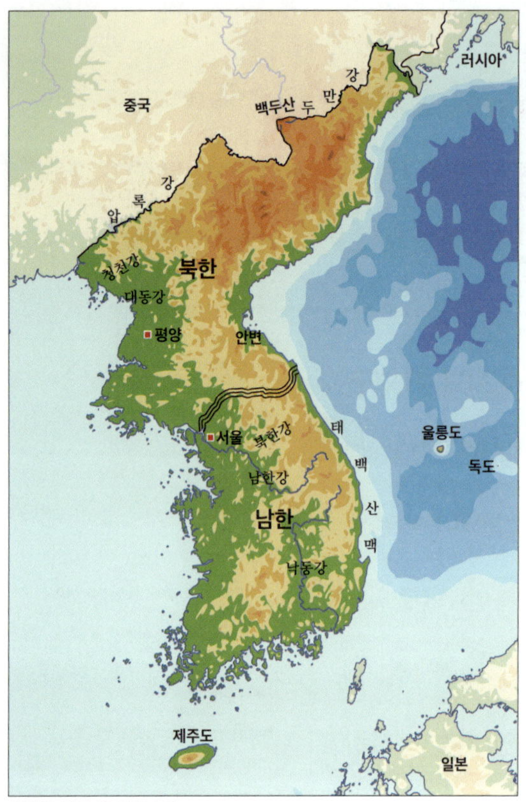

한반도 지도 ⓒ 셔터스톡
Map of Korean Peninsula

•국경
  national border

•전체 면적
  total area

•해안
  coast; seashore

•등줄기
  backbone

•태백산맥
  Taebaeksanmaek;
  the Taebaek Mountains

기 때 정해진 한반도의 •국경이다.

한반도의 •전체 면적은 약 22만 제곱킬로미터이며, 동쪽에는 북한의 안변 부근에서 남한의 •해안까지 •등줄기처럼 길게 이어

20 져 있는 •태백산맥이 있다. 이 태백산맥을 중심으로 높고 낮은 많은 산들이 북동쪽부터 남서쪽 방향으로 뻗어 있어서 한반도의 동쪽 •지형은 높고 서쪽으로 가면서 점점 낮아진다. 한반도

에 있는 산들은 높지 않지만 상당히 *가파른 특징을 보이고 있으며, 대략 한반도의 60퍼센트 정도가 *산지이다. 중요한 것은
25 이러한 산들을 경계로 하여 한반도의 고대 국가들이 생겨났다는 점이다.

*산맥과 산의 분포에 따라 *강도 분포되어 있는데 대표적인 강으로는 한강, 대동강, 청천강, 그리고 낙동강 등이 있다. 대부분의 강은 산이 많은 동쪽으로부터 흘러나와 비교적 *평평하고 낮
30 은 서쪽으로 흐른다. 서해안과 남해안은 비교적 *얕으나 해안선이 복잡하며, 대륙으로부터 흘러나온 *퇴적물 때문에 물이 *혼탁하다. 반면에 동해안은 *수심이 깊고 *해안선이 단순하며 울릉도와 독도가 위치하고 있다.

*지형
topography; landform

*가파른
steep

*산지
mountains

*산맥
mountain range; mountain chain

*강
river

*평평하다
to be even; to be flat and wide

*얕으나
shallow

*퇴적물
sediment

*혼탁하다
to be murky; to be muddy

*수심
depth of water

*해안선
coastline; shoreline

Q 다음 빈칸에 공통으로 들어갈 말을 〈보기〉에서 찾아 써 봅시다.

(　　　　　　)

〈 보기 〉

가파른　　혼탁한　　평평힌　　세찬

- 그 도시의 주변에 있는 ＿＿＿＿＿＿＿ 강물은 사람들의 마음을 우울하게 했다.
- 이렇게 ＿＿＿＿＿＿＿ 사회를 깨끗하게 하는 일은 쉽지 않다.
- 너의 ＿＿＿＿＿＿＿ 마음을 어떻게 정화할 수 있을까?

A 혼탁한

Q 다음 중 지리와 <u>관계없는</u> 말을 골라 봅시다. (　　　)

① 강　　　　② 고대　　　　③ 대륙　　　　④ 산맥

A ②

1. 황남대총 금관
2. 3. 황남대총 유리잔
ⓒ 국립경주박물관
Gold Crown and Glass Cup from Hwangnamdaechong Tomb

삼국 시대의 •경제

1 이러한 지리적인 특성으로 인해 한반도에서는 일찍부터 바다를 통해 일본이나 다른 아시아 나라와 무역 활동을 했으며 중국을 통해서도 •대외 무역을 활발하게 했다. 삼국 시대에는 •아라비아 지역의 물건도 들어왔는데, 신라의 무덤에서 발견된 유리잔

5 이 대표적이다. 삼국 시대의 가장 기본적인 경제 활동은 역시 농업을 통해 이루어졌으며 나라에서도 농업을 장려했다. 주요 농산물은 쌀과 •조, 그리고 •보리 등이었다. 삼국 시대의 귀족들은 넓은 땅을 차지하고 •호화로운 생활을 했고, 농민은 직접 농사지은 곡식으로 •세금을 내야 했다.

10 •수공업도 발달했는데, •양잠업의 •성행으로 좋은 •비단을 생산할 수 있었다. 당시에 만들어진 왕관이나 귀족의 •장신구, •불상 등을 보면 •금속 공예의 높은 수준을 •짐작할 수 있다. 지리적으로 중국 남부 및 일본과 가까웠던 백제는 이들 나라와 활발하게 •교역했고, 특히 일본에는 •직조법과 •양조법 등의 기술을 전했다.

15 고구려는 지리적으로 가까웠던 북중국과 •교류하면서 중국 문화를 받아들였고 일본에 종이 만드는 기술 등을 전했다.

Q 다음 중 <u>관계없는</u> 말을 골라 봅시다. (　　)

① 교류하다　　② 대외 무역　　③ 호화롭다　　④ 교역하다

A ③

•경제
economy

•대외 무역
foreign trade

•아라비아
Arabia

•조
millet

•보리
barley

•호화로운
luxurious

•세금
tax

•수공업
handicraft industry

•양잠업
silkworm farming;
sericulture business

•성행
prevalence

•비단
silk

•장신구
ornament; accessory

•불상
Buddhist statue

•금속 공예
metal craft

•짐작하다
to guess

•교역하다
to trade; to exchange

•직조법
the weaving method

•양조법
the method of brewing;
brewage

•교류하다
to exchange; to interact

통일 신라와 장보고

•물물 교환
barter; trade; swap

•약화
weakening; debilitation

•사신
diplomatic representative

•공무역
public trade

•사무역
private trade

•중엽
the middle (of a period)

•중계 무역
transit trade

•장악하다
to dominate

•떨치다
to become well-known

•해적
pirate

•대규모
large scale; grand scale

•해군 기지
naval base

•설치하다
to install

•함대
fleet

•삼각
triangle

•경제력
economic power

•관여하다
to be/become/get involved

•반발하다
to resist; to oppose

•암살되다
to be assassinated

•골품
bone-rank

1   통일 신라 시대에도 상업이 발달했다. 여러 시장이 생겨서 •물물 교환이 이루어졌고 당나라, 발해, 그리고 일본 등과도 무역을 했다.

통일 신라 말기에는 왕권의 •약화로 •사신을 통한 •공무역보
5 다는 개인들이 하는 •사무역이 더 활발했다. 9세기 •중엽 사무역을 한 상인들 중에는 신라 남서부 지역에서 '바다의 신'이라는 이름으로 불린 장보고가 있었다. 일본과 중국 사이의 •중계 무역을 •장악함으로써 동북아시아에서 이름을 널리 •떨친 그는 기억할 만한 인물이다. 미천한 신분이었던 장보고는 중국 당나라에 건너
10 가 벼슬살이를 하였다. 그는 •해적들에게 신라인들이 붙잡혀서 노예로 팔리는 모습을 보고 신라로 돌아왔다. 그리고 지금의 완도 근처에 '청해진'이라는 •대규모 •해군 기지를 •설치하고 약 1만여 명의 군사와 함께 수많은 •함대로 해적들의 활동을 막았다. 또한 한국, 중국, 일본의 •삼각 해상 무역을 장악함으로써 쌓
15 은 엄청난 •경제력으로 신라의 왕실 정치에 깊이 •관여하여 권력을 잡으려고 했으나, 이에 •반발한 신라의 귀족 세력에 의해 •암살되었다.

신라에는 고유한 신분 제도인 골품제가 있었다. 태생에 따라 각 사람에게 •골품이 주어졌는데, 당시에는 어느 골품에 속해 있

1. 2. 완도 청해진 유적
ⓒ 문화재청
Historic Site of Cheonghaejin Fort, Wando

•사회적 지위
　social status

•장벽
　wall; barrier

20 느냐에 따라서 •사회적 지위와 관직에 오를 자격, 집의 크기 등 일상생활이 결정되었다. 장보고의 죽음은 골품제와 깊이 관련된 것으로 보인다. 미천한 신분이었지만 해상 무역을 장악하여 막대한 경제력을 가지고 있던 장보고는 그의 딸을 왕비로 만들어 사회적·정치적 권력을 가지고 싶어 했다. 하지만 골품 제도가 옳다

25 고 믿던 귀족들의 반대 때문에 성공하지 못했다. 장보고는 신라 신분 제도의 높은 •장벽을 끝내 뛰어넘지 못했다.

Q 다음 빈칸에 들어갈 말을 〈보기〉에서 골라 문장에 알맞게 써 봅시다.

〈 보기 〉

설치하다　　반발하다　　떨치다

❶ 등록금을 인상하겠다는 학교의 발표에 ＿＿＿＿＿＿＿＿＿＿는 학생들이 많았다.

❷ 그 선수는 국제 대회에서 우승하였다. 그리하여 전 세계에 이름을 ＿＿＿＿＿＿＿＿.

❸ 연극 무대를 ＿＿＿＿＿＿＿＿지만 아무도 사용하지 않았다.

A ❶ 반발하 ❷ 떨쳤다 ❸ 설치했

Q 다음 중 바다와 <u>관계없는</u> 말을 골라 봅시다. (　　)

① 해적　　② 함대　　③ 해군 기지　　④ 골품

A ④

고려의 경제

1   고려 시대에는 •양인이 바치는 세금이 나라의 •재정에서 가장 큰 부분을 차지했다. 통일 신라와 달리 고려 시대에는 신분 제도가 더 •개방적이어서, 백성은 크게 양인과 천인의 두 계급으로 나뉘었다. 농업이 주요 경제 활동이었으나 수공업과 상업도 발달

5 했다. 개경(개성), 서경(평양), 동경(경주) 등의 큰 도시에는 책이나 차, 약 등을 전문적으로 판매하는 상점도 생겨났다. 고려 시대에는 대외 무역이 활발해지면서 중국, 일본, 아라비아 등과 서로 여러 가지 물건들을 교환했다. 고려 시대에 중국 송나라를 통해서

•양인
commoner

•재정
finance; financial affairs

•개방적이다
to be open

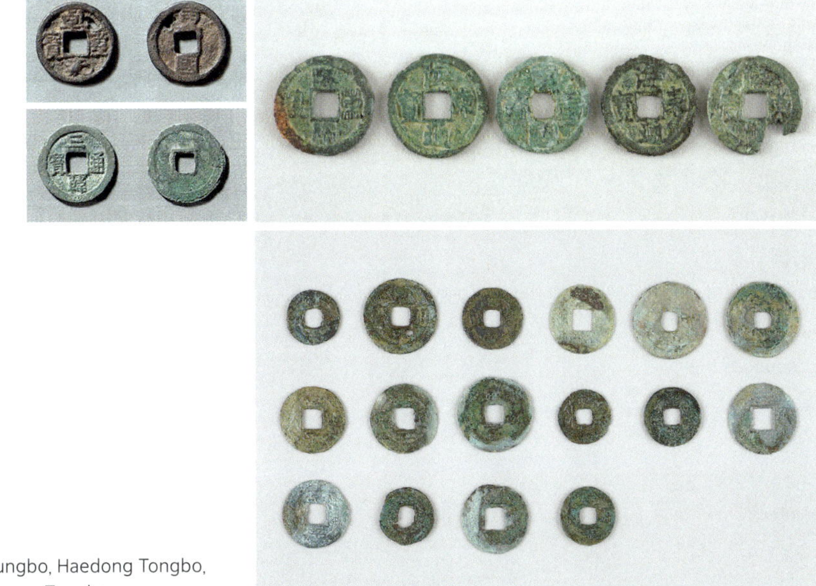

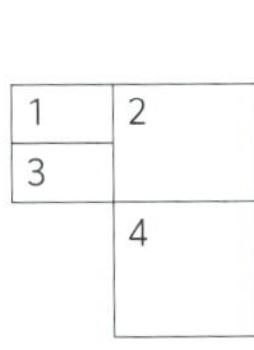

1. 건원중보(고려)
ⓒ 국립중앙박물관
2. 해동통보(고려)
ⓒ 국립청주박물관
3. 삼한통보(고려)
ⓒ 국립중앙박물관
4. 상평통보(조선)
ⓒ 국립익산박물관
Metallic Coins of Geonwon Jungbo, Haedong Tongbo,
Samhan Tongbo and Sangpyeong Tongbo.

•자기
  porcelain

•목판 인쇄술
  woodblock printing technique

•청자
  Cheongja; celadon

•화폐
  currency; money

•사농공상
  the traditional four classes
  of society (scholars, farmers,
  artisans and tradesmen)

•인식
  awareness; recognition

•안간힘
  all one's strength

•측정하다
  to measure; to survey

•토지 대장
  land register

•모내기
  rice transplantation

•확산되다
  to be dispersed

•저수지
  reservoir

•약재
  medicinal ingredients

•상품 작물
  commodity crop

•재배하다
  to grow; to cultivate

•기근
  famine

•구황 작물
  hardy plants; hunger crop

들어온 서적이나 •자기는 고려의 •목판 인쇄술이나 고려 •청자를

10 만드는 기술이 발달하는 데에 영향을 미쳤다. 특히 상업의 발달

로 •화폐의 필요성을 느껴 건원중보나 삼한통보 등의 동전을 만

든 일은 기억할 만하다.

> **Q** 다음 중 돈과 <u>관계없는</u> 말을 골라 봅시다. (   )
> ① 화폐   ② 목판   ③ 재정   ④ 경제
>
> A ②

조선의 경제

1   조선 시대는 유교의 영향으로 '•사농공상'이라는 •인식이 있

어서 학문과 농사를 중요하게 여겼고 상공업이 많이 발전하기가

힘들었다. 그런데 임진왜란과 병자호란으로 인하여 농촌이 황폐

해졌기 때문에 조선 왕조는 국가적으로 농촌을 회복시키기 위해

5 •안간힘을 다했다. 농업 기술을 기록한 농서를 많이 만들어서 농

민에게 나누어 주고 토지를 다시 •측정하여 •토지 대장도 만들

었다. •모내기가 •확산되면서 물의 공급이 중요해지자 •저수지도

많이 만들었다. 농산물을 상품으로 파는 상업적인 농업이 발달

함에 따라 농민들은 쌀이나 보리 외에도 인삼이나 담배, 그리고

10 •약재 등을 •상품 작물로 •재배했다. •기근에 대비하여 •구황 작

물로 일본에서 들여온 고구마와 중국 청나라에서 들여온 감자 등의 새로운 작물도 많이 재배했다.

　조선 사회에서 절대로 흔들리지 않을 것 같던 토지 제도가 무너지기 시작하고 •사회 구조 또한 변하면서 조선의 경제는 •격변
15 을 겪었다. 조선 후기에는 물물 교환이 활발해지고, 나라의 보호를 받던 •시전 상인뿐 아니라 나라의 허가를 받지 않고 활동하는 상인도 생겨나서 상업 활동이 매우 활발해졌다. 큰 도시에는 항상 열리는 시장이 생겼고 지방에도 정기적으로 열리는 시장

•사회 구조
　the social structure;
　the framework of society

•격변
　rapid change

•시전 상인
　marketplace merchant

과거 모내기 풍경과 볍씨 ⓒ 국립중앙박물관
Rice Transplantation and Rice Seeds

•통용되다
to be generally used

•가죽
skin; leather

•무명
cotton

•문방구
stationery; writing supplies

•후추
pepper

이 생겨났다. 시장 경제를 돕기 위해서 화폐도 •통용되었으며 교

20 통을 편리하게 해 주는 도로나 여관도 생겨났다. 이에 따라 나

라 사이의 무역도 활발해져서 청나라와 일본에는 •가죽이나 인

삼, 그리고 •무명 등이 수출되고 비단, •문방구, 은이나 •후추 등

이 조선으로 수입되었다.

> **Q** 다음 단어의 뜻을 찾아 연결해 봅시다.
>
> ❶ 저수지 　　　　　　① 학용품과 사무용품.
> ❷ 토지 대장 　　　　　② 토지에 대한 장부.
> ❸ 무명 　　　　　　　③ 물을 모아 두기 위해 만든 큰 못.
> ❹ 문방구 　　　　　　④ 무명실로 짠 천, 목면.

경제와 노비 제도

•노비 제도
slavery system

•도적질하다
to steal; to rob

•전쟁 포로
prisoner of war

•범죄자
criminal

•개인 소유
private possession

1　　1894년에 일어난 갑오개혁은 조선의 신분 제도를 없앰과 동

시에 •노비 제도도 완전히 폐지했다. "•도적질한 자들은 노비로

삼는다."라는 고조선의 8조법금(나라를 다스렸던 8개의 법) 기록에

서 추측할 수 있듯이 노비는 부족 국가 시대에도 있었다. 삼국 시

5 대에도 노비가 있었는데, •전쟁 포로나 •범죄자, 채무자 등을 노

비로 삼았고 이들은 주로 나라에 속하는 공노비가 되었다. 물론

•개인 소유로서 집안일을 도와주거나 농사일을 해 주는 사노비

도 있었다(신라의 김유신에게는 약 6천 명의 사노비가 있었다고 한다).

고려 시대에는 사노비와 공노비의 •구분이 확실하게 이루어
10 졌는데, 특히 고려의 지방 세력 집단인 호족들의 과도한 사노비
소유로 인해 나라의 재정이 흔들렸다. 왕권을 강화하기 위해 광
종은 노비안검법(956년)을 실시해서 원래 양민이었던 많은 노비
들을 다시 양민의 신분으로 돌아가게 했다. 당시에 노비들은 국
가에 세금을 내지 않아도 되었다. 노비에서 양민이 된 많은 사람
15 들이 낸 세금은 나라의 재정에 적지 않은 도움이 되었다. 한편,
각 지방의 호족들을 지키는 •사병이기도 했던 많은 수의 노비들
이 양민 신분을 얻어 떠나는 바람에 군사력을 잃은 호족들은 고
려 왕권에 더 복종하게 되었다.

조선 시대에 노비가 경제에 미치는 영향은 아주 컸는데, 그
20 이유는 양반들의 많은 토지들이 거의 사노비에 의해서 •경작되
었기 때문이었다. 노비에게서 태어난 •자식은 대대로 노비가 되
어야 했으며 양인과의 결혼도 •법적으로 금지되어 있었다. 주인
은 노비를 팔고 사기도 했으며 재산으로 •상속할 수도 있었다. 때
로는 너무나 가난한 양인이 먹고살기 힘들어 자신을 노비로 파
25 는 일도 있었다.

조선 시대의 사노비는 두 종류로, 주인의 집에서 함께 살면서
일을 하는 •솔거 노비와, 다른 곳에 살면서 주인의 토지를 경작
하는 •외거 노비가 있었다. 17세기 후반의 노비 •비중은 조선 인

•구분
classification; categorization

•사병
privately owned soldier

•경작되다
to be cultivated

•자식
child; kid

•법적으로
legally

•상속하다
to inherit; to succeed

•솔거 노비
household slave

•외거 노비
outside slave

•비중
weight; importance

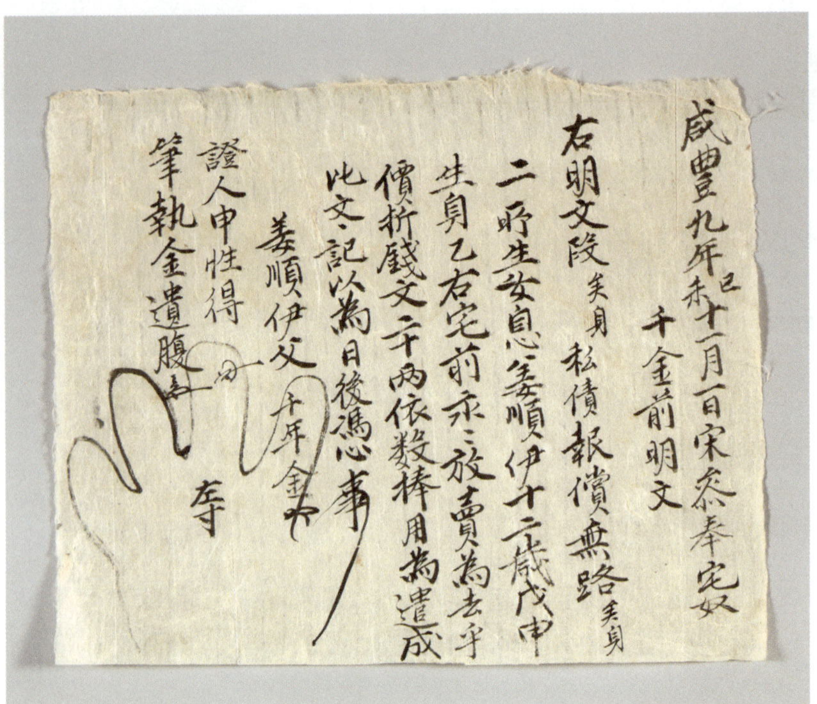

노비 매매 문서 ⓒ 국립중앙박물관
Slave Trade Document

구의 약 30퍼센트로 다소 많았다.

30 노비 제도가 없어진 갑오개혁(1894년) 무렵에는 *임금 노동을 더 *효율적으로 여기는 *추세에 따라, 그리고 노비를 소유하고 착취하는 것이 유교적인 *도덕관에 *어긋난다는 이유로 *서서히 그 비중이 줄어들고 있었다. 한편, 갑오개혁으로 노비 제도가 없어졌음에도 불구하고 적지 않은 노비들이 주인집을 떠나지 않고 *머슴으로 *머물렀다. 머슴은 *세습이 되지 않고 노동의 *대가를 받을 수 있었던 일종의 계약직이었다.

*임금
wage; pay

*효율적으로
efficiently

*추세
trend; tendency

*도덕관
moral view; moral sense

*어긋나다
to go across; to be against

*서서히
gradually; steadily

*머슴
servant; farmhand

*머무르다
to stay; to remain

*세습
transmission by heredity

*대가
price; reward; return

Q 다음 빈칸에 들어갈 말을 〈보기〉에서 골라 문장에 알맞게 써 봅시다.

― 〈 보기 〉―
머무르다   어긋나다   상속하다

❶ 먼 친척이 그에게 거액의 유산을 ______________.
❷ 누나는 바닷가의 조그만 호텔에 ___________는데 아주 좋아했다.
❸ 그 학생이 학교의 규칙에 ___________게 행동했다고 들었다.

A ❶ 상속했다 ❷ 머물렀 ❸ 어긋나

Vocabulary

국토

national territory
몡 한 나라의 땅. 한 나라의 통치권이 미치는 지역.
광개토 대왕 때 고구려의 국토는 아주 넓었다.

해양

ocean; sea
몡 넓고 큰 바다.
지리적으로 한반도는 삼면이 해양이라서 해양으로도 여러 번 다른 나라들이 침략했다.

경계

boundary; border
몡 사물 또는 지역이 어떠한 기준에 의하여 구별되는 한계.
두만강은 중국과 러시아의 경계를 따라 동해로 흐르는 강이다.

국경

national border
몡 나라와 나라의 영역을 나누는 경계.
이웃 나라가 국경을 침입했다.

가파르다

to be steep
혱 산이나 길이 몹시 기울어져 있다.
친구 집은 그 마을에서 가장 높은 곳에 있어서 가는 길이 아주 가팔랐다.

평평하다

to be even; to be flat and wide
혱 바닥이 고르고 넓게 퍼져 있다.
육지가 평평하면 사람들이 집들을 짓고 모여서 살아 마을이 되었다.

얕다
[얕으나]

to be shallow [shallow, but]
혱 겉에서 속, 또는 위에서 밑까지의 길이가 짧다.
강물이 얕아서 여름에는 동네 사람들이 나와서 수영을 한다.

해안선

coastline; shoreline
몡 바다와 육지가 맞닿은 선.
한반도에서 서해안과 남해안의 해안선이 복잡하다.

경제

economy
명 인간의 생활에 필요한 재화나 용역을 생산, 분배, 소비하는 모든 활동.
삼국을 통일한 후에 신라의 경제는 굉장히 성장했다.

대외 무역

foreign trade
명 외국을 상대로 상품을 사고 파는 일.
17세기 중반부터 조선과 청나라의 대외 무역이 활발해졌다.

호화롭다

to be luxurious
형 사치스럽고 화려한 느낌이 있다.
돈이 많다고 해서 반드시 호화로운 생활을 하는 건 아니다.

세금

tax
명 국가 또는 공공 단체가 경비로 사용하기 위해 국민이나 주민으로부터 강제로 거두는 돈.
나라에서 거둔 세금으로 좋은 일과 꼭 필요한 일을 해야 한다.

수공업

handicraft manufacturing
명 손과 간단한 도구를 사용하여 생산하는 작은 규모의 공업.
요즘에는 수공업으로 만든 물건들이 비싸다.

양잠업

silkworm farming; sericulture business
명 누에를 기르는 사업.
양잠업은 누에를 길러 비단을 만드는 사업이다.

비단

silk
명 명주실(누에고치에서 뽑은 가늘고 고운 실)로 짠 가볍고 부드러운 천.
비단으로 만든 한복은 아주 아름답다.

장신구

ornament; accessory
명 몸을 보기 좋게 꾸미는 데 쓰는 물건.
요즘에는 남자들도 장신구를 많이 한다.

금속 공예

metal craft
명 금속을 주재료로 하며 생활에 필요한 일용품이나 장식품을 만드는 기술 또는 재주.
삼국 시대에 만든 금속 공예품은 화려한 장식이 많다.

교역하다

to trade; to exchange
동 주로 나라와 나라 사이에서 물건을 사고팔고 하여 서로 바꾸다.
신라는 일본이나 당나라와 교역을 했다.

교류하다

to exchange; to interact
⑧ 문화나 사상 등을 서로 주고받다.
나라끼리 아름다운 문화를 서로 교류하는 것은 좋은 일이다.

물물 교환

barter; trade; swap
⑲ 돈으로 팔고 사지 않고 물건과 물건을 직접 바꾸는 것.
물물 교환은 돈을 사용하지 않고 물건과 물건을 바꾸는 거래를 말한다.

사신

diplomatic representative
⑲ 임금이나 국가의 명령을 받고 외국에 파견되는 신하.
고려는 몽골에 자주 사신을 보냈다.

공무역

public trade
⑲ 신라 때 이후 나라와 나라 사이에 행하던 물물 교환.
조선은 여진족과 공무역을 했으나, 그다지 큰 경제적 이익은 없었다.

사무역

private trade
⑲ 국가가 주도하지 않고 역관이나 상인들 사이에서 행해지던 무역.
16세기 이후에는 사무역이 크게 발달했다.

중계 무역

transit trade
⑲ 다른 나라로부터 사들인 물자를 그대로 제3국으로 수출하는 형식의 무역.
조선은 청나라에서 수입한 물건들을 일본에 넘겨주는 중계 무역도 했다.

해적

pirate
⑲ 배를 타고 다니면서, 다른 배나 해안 지방을 습격하여 재물을 빼앗는 강도.
현대에도 해적들이 출몰한다.

관여하다

to be/become/get involved
⑧ 어떤 일에 관계하여 참여하다.
그 사람은 이번 일에 관여하고 싶지 않았다.

반발하다

to resist; to oppose
⑧ 어떤 상태나 행동 등에 대하여 거스르고 반항하다.
조선 후기에 신분 제도에 반발하는 노비들이 점점 많아졌다.

목판 인쇄술

woodblock printing technique
⑲ 나무판에 그림이나 글자를 새겨 그 위에 잉크를 칠하고 종이를 덮어 찍는 인쇄 기술.
고려의 목판 인쇄술이 얼마나 뛰어났는지는 팔만대장경을 통해 알 수 있다.

화폐
currency; money
명 상품 교환 가치를 매기는 기준이 되며, 상품과 교환할 수 있는 수단. 주화, 지폐, 은행권 등이 있다.
조선 후기에는 상공업이 발달하면서 금속 화폐인 동전이 사용되었다.

안간힘
all one's strength
명 어떤 일을 이루기 위해 몹시 애쓰는 힘.
그는 시험에 합격하기 위해 안간힘을 썼지만 결국 불합격했다.

측정하다
to measure; to survey
동 일정한 양을 기준으로 하여 같은 종류의 다른 양의 크기를 재다.
세종 때 발명된 측우기는 비가 내린 양을 측정하는 기구이다.

모내기
rice transplantation
명 벼의 싹인 모를 못자리에서 논으로 옮겨 심는 일.
임진왜란과 병자호란을 겪은 후에 농민들은 모내기를 적극적으로 하였다.

상품 작물
commodity crop
명 시장에 내다 팔기 위하여 재배하는 농작물.
조선 후기에는 쌀, 목화, 채소, 담배 등이 상품 작물로 재배되었다.

재배하다
to grow; to cultivate
동 식물을 심어서 가꾸다.
비닐하우스 덕분에 겨울에도 채소를 재배한다.

구황 작물
hardy plants; hunger crop
명 농사가 잘되지 않아 먹을 것이 부족할 때 쌀이나 밀 대신 먹을 수 있는 농작물.
감자와 고구마는 조선 후기 대표적인 구황 작물이었다.

사회 구조
the social structure; the framework of society
명 지위와 역할에 따라 개인이 행동할 수 있는 범위나 행동 양식을 정해 주는 사회적 구조나 틀.
이미 정해진 사회 구조를 바꾸는 건 정말 어려운 일이라고 생각한다.

시전 상인
marketplace merchant
명 시장 거리의 가게에서 장사하는 사람.
조선 시대 도성 안에서 물품 판매 권리를 가진 사람은 시전 상인이었다.

통용되다
to be generally used
동 일반적으로 널리 쓰이다.
현재 세계적으로 널리 통용되는 언어는 영어이다.

무명
cotton
명 목화 솜으로 만든 실로 만든 천.
무명으로 만든 저고리와 치마이다.

노비 제도
slavery system
명 한국 전근대 사회의 최하층 신분인 노비와 관련된 법규 등에 따라 성립된 제도.
조선 후기의 실학자들은 노비 제도의 문제점을 비판하였다.

도적질하다
to steal; to rob
동 남의 물건을 훔치거나 빼앗다.
고구려에서는 도적질하면 훔친 물건의 12배를 배상하게 하였다.

전쟁 포로
prisoner of war
명 전쟁 시에 전쟁을 하는 상대 나라에 잡힌 사람.
고대부터 전쟁 포로들이 노비가 되는 경우가 많았다.

범죄자
criminal
명 범죄를 저지른 사람.
그는 경찰에 쫓기는 범죄자였다.

경작되다
to be cultivated
동 땅이 갈려 농사가 지어지다.
그 지역에서는 보리가 경작되고 있다.

상속하다
to inherit; to succeed
동 친족 관계가 있는 사람 사이에서, 한 사람이 죽은 후에 다른 사람이 재산에 관한 권리와
의무 등을 이어받다.
그의 부모님은 그에게 유산으로 건물을 상속했다.

효율적
being efficient // efficient
명 들인 노력이나 힘에 비해 얻는 결과가 큼. 관 들인 노력이나 힘에 비해 얻는 결과가 큰.
낮에 일하는 것보다 밤에 일하는 게 더 효율적인 사람들도 있다.

추세
trend; tendency
명 어떤 현상이 일정한 방향으로 나아가는 경향.
요즘은 전기 자동차를 점점 많이 사는 추세이다.

표현

V + (으)ㄹ 만하다 [to be worthy of] : 앞의 말이 뜻하는 행동을 할 정도로 가치가 있을 때 사용한다.

> 📖 **본문**
>
> 일본과 중국 사이의 중계 무역을 장악함으로써 동북아시아에서 이름을 널리 떨친 그는 기억**할 만한** 인물이다.

- 이 컴퓨터는 오래되었지만 아직 쓸 만하다.
- 다이어트 중이라도 그 음식들은 걱정 없이 먹을 만하다.
- 신라가 당나라에 도움을 청하여 삼국을 통일한 것은 생각해 볼 만한 일이다.

장벽을 뛰어넘다 [to jump over barrier] : 어려운 장애물을 극복함을 의미할 때 사용한다.

> 📖 **본문**
>
> 장보고는 신라 신분 제도의 높은 **장벽을** 끝내 **뛰어넘**지 못했다.

- 〈기생충〉은 할리우드의 장벽을 뛰어넘었다.
- 그 두 사람은 신분 차이라는 장벽을 뛰어넘지 못해 헤어졌다.
- 봉준호 감독은 아카데미상 수상 소감으로 '1인치 정도 되는 자막의 장벽을 뛰어넘으면 더 많은 영화를 만날 수 있다.'고 말했다.

안간힘을 다하다 [to use all one's strength] : 무슨 일을 이루기 위해서, 또는 고통이나 화 등을 참으면서 애를 쓸 때 사용한다. (= 전력을 다하다)

> 📖 **본문**
>
> 임진왜란과 병자호란으로 인하여 농촌이 황폐해졌기 때문에 조선 왕조는 국가적으로 농촌을 회복시키기 위해 **안간힘을 다했다**.

- 그는 부당한 일을 막기 위해 안간힘을 다했다.
- 신라는 고구려가 멸망한 후에 당나라를 한반도에서 몰아내기 위해 안간힘을 다했다.
- 조선은 농촌에서 쌀의 생산을 증가시키기 위해 농서를 나누어 주고 저수지를 만드는 등 안간힘을 다했다.

Wrap UP

❶ 한반도의 지리적 특성과 기후를 가장 잘 표현한 것을 골라 봅시다. (   )
① 사계절의 변화가 뚜렷하다.
② 사면이 바다로 둘러싸여 있다.
③ 북위 23도에서 32도 사이에 위치하고 있다.
④ 동해안은 수심이 비교적 얕고 해안선이 복잡하다.

❷ 삼국 시대의 기본적인 경제 활동은 무엇을 통해 이루어졌습니까? (   )
① 어업   ② 농업   ③ 수공업   ④ 금속 공예

❸ 조선의 경제를 잘못 설명한 것을 골라 봅시다. (   )
① 건원중보라는 동전을 만들었다.
② 감자, 고구마 같은 구황 작물을 재배했다.
③ 유교의 영향으로 '사농공상'이라는 인식이 있었다.
④ 상업적인 농업이 발달해서 인삼과 담배, 그리고 약의 재료가 되는 식물 등을 재배했다.

❹ 다음 빈칸에 알맞은 말을 써 봅시다.

> 조선 시대의 사노비는 두 종류가 있었다.
> 주인의 집에서 함께 살면서 일을 하는 (   )와/과 다른 곳에 살면서 주인의 토지를 경작하는 (   )이/가 있었다.

❺ 다음 중에서 조선 시대의 노비에 대한 글이 아닌 것을 골라 봅시다. (   )
① 노비는 재산으로 상속할 수 없었다.
② 주인이 노비를 팔거나 살 수도 있었다.
③ 조선 시대의 경제에 노비가 미치는 영향이 아주 컸다.
④ 노비에게서 태어난 자식은 대대로 노비가 되어야 했다.

❶① ❷② ❸① ❹솔거 노비, 외거 노비 ❺①

1. 한반도의 지리적 특성에 대해 이야기해 봅시다.

   Discuss the geographical characteristics of the Korean Peninsula.

2. 조선 시대 전기와 후기의 경제 활동상 특징을 비교하여 말해 봅시다.

   Compare the economy in the early and late Joseon period.

3. 고려와 조선 시대에 노비 제도가 경제에 끼친 영향에 대해 이야기해 봅시다.

   Discuss the economic impact of the slavery system on the Goryeo and Joseon periods.

한반도 지도 ⓒ 셔터스톡

한반도는 동쪽이 높고 서쪽이 낮은 지형이다. 따라서 대부분의 강이 동쪽에서 서쪽으로 흐르는데, 북쪽 끝에 있는 두만강은 동쪽으로 흘러 나간다.

Map of Korean Peninsula

Korea is topographically high in the east and low in the west. Therefore, most rivers flow from east to west, but the Dumangang River at the northern end flows eastward.

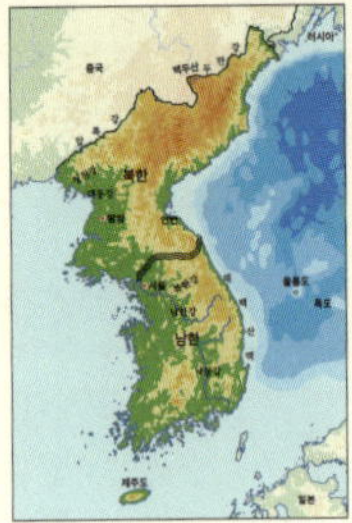

황남대총 금관과 유리잔 ⓒ 국립경주박물관

경상북도 경주시 황남동에 있는 신라의 무덤인 황남대총에서 발견된 금관과 유리잔이다. 금관은 당시 뛰어난 금속 공예술을 보여 준다. 한편 유리잔은 모양이나 무늬로 보아 서역에서 전래된 것으로 추정된다.

Gold Crown and Glass Cup from Hwangnamdaechong Tomb

These are a gold crown and a glass cup, found in Hwangnamdaechong, the largest royal tomb of Silla in Hwangnam-dong, Gyeongju-si, Gyeongsangbuk-do. The gold crown exhibits the exceptional metal craftsmanship of the time. The glass cup is presumed to have originated from the Western Regions, based on its shape and patterns.

완도 청해진 유적 ⓒ 문화재청

청해진은 통일 신라의 장보고가 설치한 해군 기지이자 무역 기지이다. 장보고는 해적을 소탕하고 활발한 해상 무역을 전개했다.

Historic Site of Cheonghaejin Fort, Wando

Cheonghaejin is a naval base and trading hub established by Jang Bo-go of Unified Silla. Jang Bo-go is known for subduing pirates and dominating maritime trade.

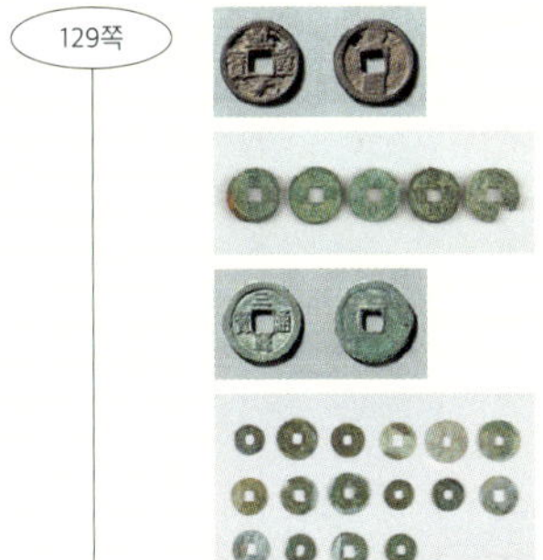

건원중보(고려) ⓒ 국립중앙박물관
해동통보(고려) ⓒ 국립청주박물관
삼한통보(고려) ⓒ 국립중앙박물관
상평통보(조선) ⓒ 국립익산박물관

한국에서 최초로 만들어진 동전은 고려 성종 때의 건원중보이다. 이후 고려 시대에 해동통보와 삼한통보, 조선 후기에 상평통보가 만들어졌다.

Metallic Coins of Geonwon Jungbo, Haedong Tongbo, Samhan Tongbo and Sangpyeong Tongbo.

The first coin, Geonwonjungbo, was made during the reign of King Seongjong of Goryeo. Haedong Tongbo and Samhan Tongbo were created later on in the Goryeo Dynasty, and Sangpyeong Tongbo was created in the late Joseon Dynasty.

과거 모내기 풍경과 볍씨 ⓒ 국립중앙박물관

사진은 일제 강점기 전라남도 진도의 모내기 풍경이다. 조선 후기에 모(벼의 싹)를 못자리(볍씨를 뿌리어 모를 기르는 곳)에서 논으로 옮겨 심는 모내기가 널리 보급되어 더 많은 생산물을 얻을 수 있었다.

Rice Transplantation and Rice Seeds

This photograph depicts rice being planted in Jindo, Jeollanam-do, during the Japanese occupation. In the late Joseon Dynasty, the technique of rice transplantation, in which rice seedlings were transferred from a rice seedbed (where rice seeds were grown) to rice paddies, became widespread, enabling increased agricultural productivity.

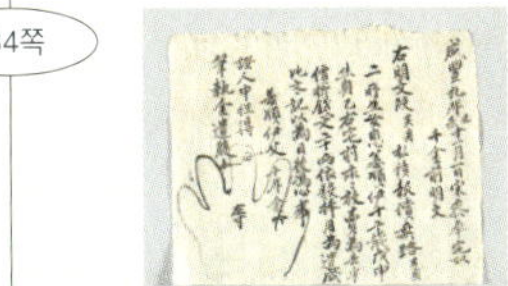

노비 매매 문서 ⓒ 국립중앙박물관

조선 시대에 노비는 매매나 상속 및 증여의 대상이었다. 노비의 매매 등이 이루어지려면 문서를 작성하고 관청의 공증(국가나 공공단체가 어떤 사실을 공적으로 증명하는 일)을 받아야 했다.

Slave Trade Document

During the Joseon Dynasty, slaves were subject to buying and selling, inheritance, and gifting. In order for the transactions to take place, documentation had to be prepared and notarized by government offices through official authentication.

6장 여성과 가족

Chapter 6 　WOMEN AND FAMILIES

✧ 삼국 시대부터 조선 시대에 이르기까지 한국 사회에서 여성의 지위는 어떻게 변화했을까요?

✧ 조선 시대 여성들의 삶에 영향을 끼친 사건은 무엇일까요?

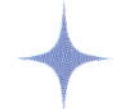

한국의 전근대사와 여성

1 　한국의 전근대사에서 여성들에게 많은 •영향을 끼친 사건을 몇 가지 꼽는다면 조선 시대의 •통치 이념이 된 성리학의 도입과 한글의 •창제일 것이다. 오늘날 우리가 떠올리는 한국 역사상 여성의 낮은 지위는 주로 조선 시대의 •산물이라고 말할 수 있다.

5 •부계 중심인 성리학 가족 제도의 도입으로 제사 문화가 점차 •장자 중심으로 바뀜에 따라, 여성들은 제사에서 •제외되었고 재산 •상속에서도 자연스럽게 •배제되었다. 한편 세종 대왕이 만든 한글은 교육의 기회가 거의 없었던 여성과 천민들이 좀 더 쉽게 •지식을 접할 수 있게 해 주었으며, •대중문화를 탄생하게 하여

10 여성 문인이 •배출에 •기여했다.

Q 다음 빈칸에 들어갈 말을 〈보기〉에서 골라 문장에 알맞게 써 봅시다.

> ┌─〈 보기 〉─────────────
> 　영향을 끼치다　　제외되다　　배제되다　　기여하다
> └──────────────────

❶ 그는 한국 역사와 문화를 세계에 알리는 데에 크게 ＿＿＿＿＿＿＿ 사람이다.

❷ 내 인생에 가장 많이 ＿＿＿＿＿＿＿＿＿＿＿＿＿ 사람은 나의 형이다.

•영향을 끼치다
　to cause influence

•통치 이념
　ruling ideology

•창제
　creation; invention

•산물
　product

•부계
　paternal line

•장자
　the eldest son

•상속
　inheritance

•제외되다
　to be ruled out

•배제되다
　to be excluded

•지식
　knowledge

•대중문화
　popular culture

•배출
　production

•기여하다
　to contribute

A ❶ 기여한 ❷ 영향을 끼친

삼국 시대의 결혼과 여성들

1 삼국 시대의 남녀는 권리가 거의 •동등한 가운데서 결혼했으며 결혼 전의 •교제도 비교적 자유로웠다. 고구려의 경우, 부부가 결혼하면 처음에는 신랑이 신부의 집 뒤에 '서옥'이라는 작은 집을 짓고 살다가, 자녀를 낳고 어느 정도 성장하면 가족과 함께 신

5 랑의 집으로 가서 사는 제도가 있었다. •서민들은 •일부일처제를 지켰고 일부 귀족들은 여러 명의 아내를 두었지만 조선 시대와 같이 처와 첩 사이에 •서열을 두고 차별하지 않았다. 이혼과 재혼도 자유롭게 할 수 있었고 '형사취수 제도'가 있어서 형이 죽으면 동생이 그 •형수를 아내로 맞이했다. 이 제도는 두 가지 의미

10 를 가지고 있었다. 첫째, 형의 유산을 형수가 물려받게 되는데 만약 그 형수가 다른 •혈족의 사람과 재혼할 경우 형의 재산과 형수의 •노동력이 다른 혈족으로 넘어가게 되는 것을 방지하기 위함이었다. 둘째, •형편이 어려운 형이 사망했을 경우 당장 •생계가 어려운 형수를 아내로 맞이함으로써 그 형수의 앞날을 경제

15 적으로 안전하게 •보장해 주기 위함이었다.

아쉽게도 백제에서 여성의 지위를 보여 주는 역사적 기록은 찾을 수 없고 《삼국사기》에 실려 있는 〈도미 부부〉•설화를 통해 여성의 •정절을 강조했다는 점을 알 수 있다. 그러나 정절은 •생전에만 •국한되었고 •사별한 여성의 재혼은 허용되었다.

20 신라는 한국의 전근대사를 •통틀어 유일하게 여왕을 배출하
였다. 특히 선덕 여왕은 첨성대를 세우는 등 신라의 문화를 발전
시키고 삼국 통일에 기여하여, 고구려나 백제에서 볼 수 없었던
여성들의 공적인 참여를 확실하게 •드러냈다.

    또한 여성들이 불교 사원에 토지나 재물을 기부한 기록을 통
25 하여 그 시대 여성들이 활발한 경제 활동을 하였으며 •독자적인
경제권을 가지고 있었음을 짐작할 수 있다. 그러나 유교가 점차
확산되고 중앙 집권제가 서서히 이루어지면서, 삼국 모두 •가부

•통틀다
to take (it) all and put (it) together

•드러내다
to expose; to reveal

•독자적인
independent

•가부장제
patriarchy

경주 첨성대 ⓒ 문화재청
Cheomseongdae Observatory, Gyeongju

•강화되다
to be strengthened

•입지
position

장제가 더욱 •강화되고 여성들의 사회적·경제적 •입지는 점점 더 좁아졌다.

Q 다음 단어와 같은 뜻을 찾아 연결해 봅시다.

❶ 일부일처제   ① 살림을 살아가고 있는 형편.

❷ 동등하다   ② 한 남편이 한 아내만 두는 혼인 제도.

❸ 생계   ③ 같은 조상으로부터 갈려 나온 친족.

❹ 혈족   ④ 등급이나 정도가 같다.

A 1-② 2-④ 3-① 4-③

Q 다음 빈칸에 들어갈 말을 〈보기〉에서 골라 문장에 알맞게 써 봅시다.

〈 보기 〉

강화되다   형편이 어렵다   서열을 두다   기여하다

❶ 그가 속한 조직에서는 ________________고 사람들을 차별했다.

❷ 내 친구는 ____________________서 대학에 진학하지 못했다.

A ❶ 서열을 둔 ❷ 형편이 어려워서

고려의 여성들

1   처음 유교가 소개된 것은 삼국 시대이지만, 이 당시의 유교는 한문을 중시하는 정도였고 실질적으로 사회와 가족 이념으로 자리 잡은 것은 시간이 상당히 흐른 후인 고려 말기였다. 그렇지만 그 당시에도 고려 시대를 이끌어가는 •도덕 규범은 오랫동안 한

5 반도의 정신세계를 •지배해 온 불교에 뿌리를 두었다. 고려 후기

•도덕 규범
a moral standard

•지배하다
to rule; to dominate

밀양 박익 벽화묘 내부에서 발견되는 여성들 ⓒ 문화재청
Women in Mural Tomb of Bak Ik, Miryang

원나라의 영향을 받아 •일부다처제를 따른 소수의 귀족들을 제외하고 대부분의 고려인들은 일부일처제를 따랐다. 고려 시대 여성들은 가정에서나 경제 활동에서 남자와 거의 •대등한 위치였다. 고려 사회에서는 재산 상속도 성별의 차이가 없이 동일했고 10 여성 또한 •호주가 될 수 있었으며 재혼도 자유로웠지만, 삼국 시대의 신라처럼 •정계나 사회에 진출해서 성공한 여성의 기록은 없다.

•일부다처제
polygamy

•대등한
equal

•호주
head of family

•정계
political world

Q 다음 중에서 <u>반대말</u>로 연결되지 <u>않은</u> 것을 골라 봅시다.

① 지배하다-복종하다   ② 일부다처제-일부일처제
③ 대등하다-비슷하다   ④ 자유롭다-구속하다

A ③

조선 시대 유교와 여성들

1 중국 송나라 때 유교를 새롭게 •해석하여 만들어진 성리학은 13세기에 고려에 전해졌다. 성리학은 고려 이후 성립한 조선 왕조의 통치 이념이 되었을 뿐 아니라 점차 조선 시대를 •아우르는 사회와 가족 윤리 규범의 기초가 되었다. 조선 초기까지 여성의

5 지위는 고려 시대와 큰 차이가 없었으나, 성리학이 강조된 조선 중기부터 서서히 변화했다.

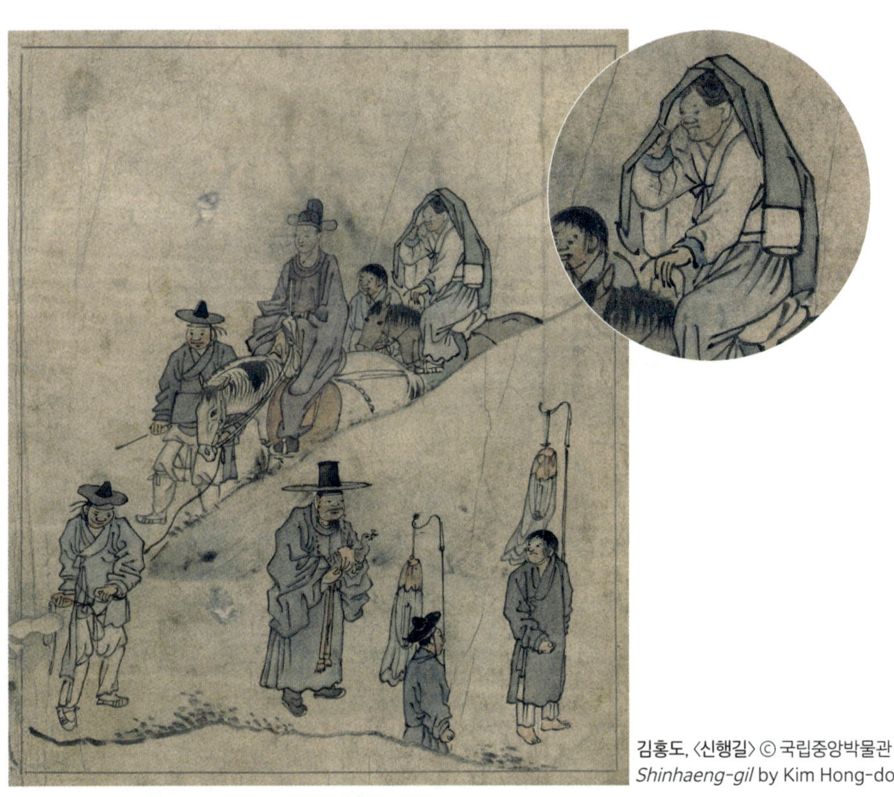

김홍도, 〈신행길〉 ⓒ 국립중앙박물관
Shinhaeng-gil by Kim Hong-do

조선 초기에는 성별에 관계없이 출생한 순서대로 •족보에 기록되었는데, 후기로 갈수록 아들이 먼저 기록되고 딸은 나중에 기록되었다. 또한 철저한 부계 중심의 •상례와 •제례로 인해 여성은 제사에 •참석할 수 없게 되었고 더 이상 재산 상속의 •대상이 되지 않는 등, •장자 우선의 상속 제도가 자리를 잡게 되었다. 또한 고려 시대까지만 해도 결혼을 하면 남자는 여자 집에서 사는 •처가살이의 경우가 많았으나, 조선 후기에는 혼인하면 여자가 바로 남자 집(시집)으로 가서 죽을 때까지 살아야 했다(이를 '시집살이'라고 한다). 양반 여성들은 집 밖의 출입에 대해서도 •통제를 받았다. 조선 정부는 •효와 정절을 강조하며 •효자나 •열녀를 •표창하기도 하였다.

•족보
family tree; genealogy

•상례
funeral rites

•제례
ancestral ritual formalities

•참석하다
to attend

•대상
object; target

•장자 우선
the oldest son first

•처가살이
living with the family into which a man has married

•통제
control; restriction

•효
filial piety (duty)

•효자
filial son; devoted son

•열녀
a woman of chaste reputation; a virtuous woman

•표창하다
to honor; to praise; to award

Q 다음 빈칸에 들어갈 말을 〈보기〉에서 골라 문장에 알맞게 써 봅시다.

〈 보기 〉
해석하다   아우르다   표창하다   강화되다

❶ 학교에서 선행을 한 학생을 _________________________.
❷ 영어를 몰라서 이 문장을 _________________ 가 어렵다.

A ❶ 표창하다 ❷ 해석하기

Q 다음 중에서 사람을 가리키는 말이 <u>아닌</u> 것을 골라 봅시다. (   )

① 족보   ② 장녀   ③ 열녀   ④ 효자

A ①

특별한 여성 계층

*선발되다
  to be selected

*공식적으로
  officially

*교양
  refinement; cultured;
  elegance; sophistication

*겨루다
  to compete

*궁녀
  court lady

*의녀
  female physician,
  nurse during the Joseon period

*사회 활동
  social activity

*엿보다
  to guess; to infer

1 조선 시대에는 일반적인 여성과는 다른 특별한 여성 계층이 있었다. 바로 '기생'이었다. 이 여성들은 국가 소유였는데, 특별히 *선발되어 어린 시절부터 시와 노래, 춤, 그리고 예절을 *공식적으로 배웠다. 공식적으로 열리는 나라의 잔치, 행사에 주로 참석

5 하여 양반과 왕족들에게 춤과 노래를 공연하던 그들의 *교양과 지식은 양반들과 *겨루어도 부족함이 없었지만 실질적인 계급은 천민이었다. 그리고 어머니가 기생이면 그 딸도 기생이 되었다.

기생은 양반 여성과 달리, 당시의 *궁녀나 *의녀, 그리고 여성 무당들과 더불어 *사회 활동이 허락되었던 특수한 사회 계급이

10 었다. 《춘향전》의 주인공인 춘향의 어머니도 기생이었는데, 기생을 자주 그린 조선 시대의 유명한 화가 신윤복의 작품에서 그 당시 기생들의 생활을 *엿볼 수 있다. 조선 중기, 뛰어난 미모와 문학적 재능으로 유명했던 기생 '황진이'는 지금도 한국의 드라마나 영화에 자주 등장하고 있다.

Q 다음 중에서 여성을 가리키는 말이 <u>아닌</u> 것을 골라 봅시다.

① 궁녀　　　② 열녀　　　③ 장자　　　④ 의녀

A (3)

신윤복의 풍속화에 등장하는 기생들 ⓒ 국립중앙박물관
Gisaengs in Genre Paintings by Sin Yun-bok

여성들과 한글

1   15세기 중반에 세종 대왕이 만든 한글은 지배층의 반대와 무시를 받았으나, 교육의 기회를 거의 가지지 못했던 사대부 여인들이나 피지배층의 사람들에 의해 •두루 쓰였다. 특히 여인과 천민들에게는 어려운 한문이 아니라 쉬운 한글로 서로 •소통할 수 있는 엄청난 기회를 제공했다. •대궐 안에 살아야 했던 궁녀들에게도 한글은 그들의 삶과 감정을 문자로 표현할 수 있는 기회를 주었는데, 이름을 알 수 없는 어느 궁녀가 기록한 《인현왕후전》이나 《계축일기》, 그리고 •사도 세자의 아내인 혜경궁 홍씨가 쓴 《한중록》 등은 모두 한글로 쓴 •궁정 문학의 예를 보여 주는 중요한 작품들이다.

황진이는 기생으로서 당대의 뛰어난 •시조 작품들을 남겼다. 지금까지 남아 있는 황진이의 6편의 시조는 한문이 아니라 한글로 쓰였는데, •사대부의 시조에서는 생각할 수 없을 만큼 •세련되고 •정교하게 남녀 간의 사랑을 표현함으로써 시조 문학의 수준을 높였다고 평가받고 있다. 그녀의 작품 〈청산리 벽계수야〉나 〈동짓달 기나긴 밤은〉 오늘날 한국의 교과서에 실리는 등 •후세 사람들에게 큰 사랑을 받고 있다.

조선 후기는 '소설의 시대'라고도 불릴 만큼 소설이 유행했는데, 17세기에 등장한 허균의 한글 소설인 《홍길동전》이 그 문을

•두루
widely

•소통하다
to communicate

•대궐
palace

•사도 세자
Crown Prince Sado

•궁정 문학
court literature

•시조
sijo, traditional three-verse Korean poem

•사대부
gentry

•세련되고
sophisticated; refined; polished

•정교하게
exquisitely

•후세
future generations

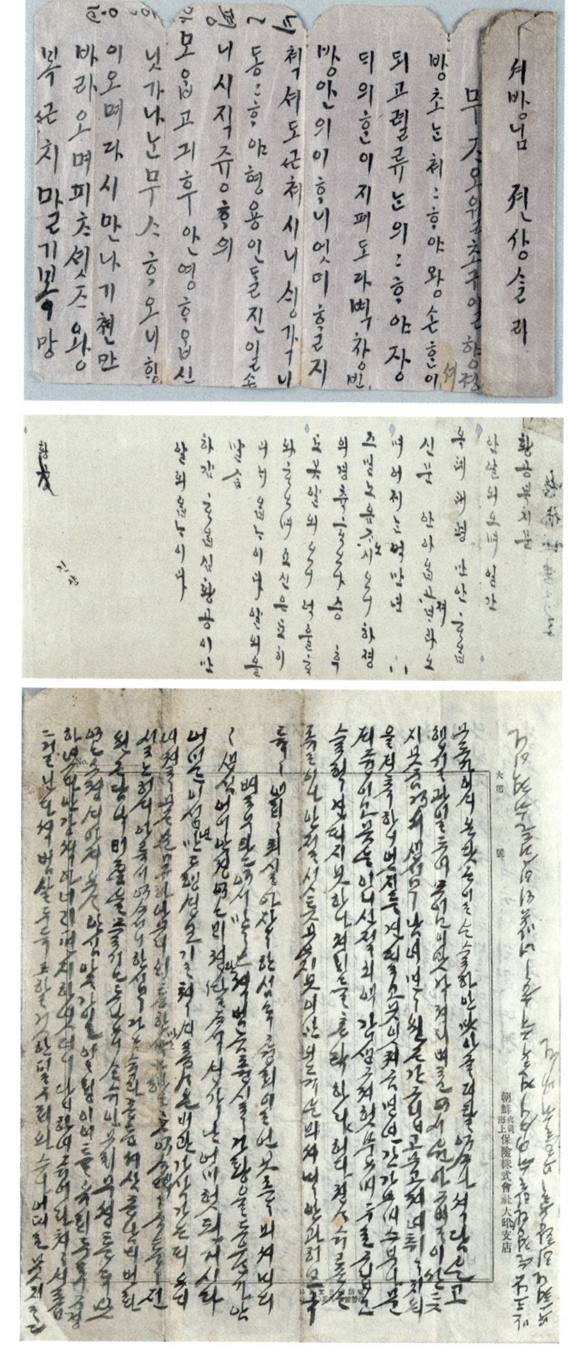

1
2
3

1. 2. 3. 19~20세기(추정) 한글 편지
ⓒ 국립한글박물관
Letters Written in Hangeul during the 19th and 20th Century

<table>
<tr><td>

•주된
  main; major

•독자층
  a class of readers

•편견
  prejudice; bias

•봉건적인
  too conservative

•속박
  restriction; restraint

•억눌리다
  to be suppressed

•욕구
  desire

•분출하다
  to let out

•대리 만족
  vicarious satisfaction

•처지
  position; circumstances

•하층민
  lower class

•천한
  lowly; humble

•업신여김
  disdain; contempt; scorn

•푸대접
  poor treatment

•애용하다
  to patronize; to use regularly

</td><td>

20 열었다. 그 이후 인기를 모은 한글 소설에는 《장화홍련전》, 《구운
몽》, 《춘향전》, 그리고 《심청전》 등이 있었는데, 이들 한글 소설의
•주된 •독자층은 주로 사대부층의 여성과 궁녀였다. 유교 사회에
서 하루 종일 집안에 갇혀 •편견과 •봉건적인 •속박 속에서 숨조
차 제대로 쉬지 못했던 조선의 여성들은 한글 소설을 읽으면서
25 •억눌렸던 •욕구를 •분출하여 •대리 만족을 하고 잠시나마 자
신들의 •처지를 잊을 수 있었다. 그리고 18세기 중반 이후에는
주된 독자층이 사대부 여성들로부터 •하층민과 노비들까지로 확
대되었다.

　　한글은 만들어진 초기에 '언문' 또는 '암글'이라는 이름으로
30 불리며, 여인들이나 •천한 신분의 사람들이 쓰는 글이라는 •업신
여김과 •푸대접을 받았다. 그런데 한글이 오늘날까지 살아서 숨
쉬는 이유 중 하나는 유교 사회에서 제대로 대접받지 못했던 여
인들이 한글을 사랑하고 •애용한 덕분이다. 이 의미 있고도 중요
한 사실을 잊어서는 안 된다.

</td></tr>
</table>

Q 다음 빈칸에 들어갈 말을 〈보기〉에서 골라 문장에 알맞게 써 봅시다.

─〈 보기 〉───────────────

정교하다　　소통하다　　애용하다　　분출하다

❶ 제가 ＿＿＿＿＿＿는 이 의자는 산 지 오래됐다.

❷ 요즘은 전화보다 문자로 ＿＿＿＿＿＿는 게 더 편리하다.

❸ 그는 어렸을 때 억눌렀던 욕구를 어른이 되면서 ＿＿＿＿＿＿기
시작했다.

❹ 이 금속 공예품은 세련되고 ＿＿＿＿＿＿게 만들어졌다.

A ❶ 애용하 **❷** 소통하 **❸** 분출하 **❹** 정교하

Q 다음 중 반대말로 연결되지 않은 것을 골라 봅시다. (　　　)

① 속박-자유　　　　　　② 편견-공평 (fairness)

③ 욕구-욕망 (desire; craving)　　④ 천하다-귀하다 (to be noble)

A ③

Vocabulary

어휘

부계
paternal line
(명) 아버지 쪽의 혈연 계통.
한국 사람들은 아직도 부계를 중시하는 사회에서 살고 있다고 생각한다.

장자
the eldest son
(명) 둘 이상의 아들 가운데 첫째로 태어난 아들.
지금도 한국의 많은 장자들은 제사의 책임을 지고 있다.

배제되다
to be excluded
(동) 어떤 것에 받아들여지지 않고 제외되다.
그는 휴직을 하고 나서 회사의 모든 중요한 프로젝트에서 배제되었다.

기여하다
to contribute
(동) 도움이 되다.
지금의 한국이 있기까지 여러 분야에서 기여한 사람들은 모두 박수를 받아야 한다.

동등하다
to be equal
(형) 등급이나 수준, 정도가 같다.
민주 사회에서는 모든 사람들이 동등하게 대우를 받아야 한다.

일부일처제
monogamy
(명) 한 남편이 한 아내하고만 결혼하는 제도.
고려 시대에는 일반적으로 일부일처제가 시행되었다.

서열을 두다
to rank
(동) 일정한 기준에 따라 순서대로 늘어서게 하다.
신라 시대에는 골품제에 따라 귀족들에게 서열을 두었다.

혈족
blood relative; kin
(명) 같은 혈통에 속하는 친척.
어떤 사람은 혈족이 아니라도 혈족보다 더 가까울 수 있다.

형편이 어렵다

to be in needy circumstances

형 살림살이의 상태나 처지가 힘들다. 또는 일이 되어 가는 상황이 힘에 겹다.

내가 어렸을 때에는 형편이 어려운 친구들이 많았다.

생계

living

명 살림을 살아 나갈 방법이나 현재 살림을 살아가고 있는 형편.

그녀는 남편이 죽은 후에 어린 자녀들과 생계를 이어나가기가 힘들었다.

정절

chastity

명 여자의 곧은 절개(남편에 대한 신의를 지키는 태도).

조선 시대 여성이 정절을 어떻게 생각하고 대했는지를《춘향전》에서 살필 수 있다.

국한되다

to be limited; to be confined

동 범위나 한계가 일정한 부분이나 정도에 제한되어 정해지다.

환경 문제는 한 나라에만 국한된 문제가 아니라 전 세계가 함께 해결해야 할 문제이다.

가부장제

patriarchy

명 가부장이 가족을 지배하는 가족 형태.

한국의 많은 남자들의 생각이 아직도 가부장제 사회에 머물러 있다.

강화되다

to be strengthened

동 세력이나 힘이 더 강하고 튼튼해지다.

이 운동을 매일 하면 확실하게 무릎 근육이 강화될 것이다.

일부다처제

polygamy

명 남편 한 사람이 동시에 여러 명의 아내와 결혼하는 제도.

일부다처제가 흔했던 중동 지역에서도 일부다처제는 점점 없어지고 있다.

대등하다

to be equal

형 서로 비교하여 양쪽이 비슷하다.

두 선수의 실력이 대등해서 승패를 예상하기 어렵다.

호주

head of family

명 한 집안의 주인으로서 가족을 돌보고 책임지는 일에 대한 권리와 의무가 있는 사람.

한국은 2008년에 호주 제도가 없어졌다.

정계	political world **명** 정치에 관련된 일을 하는 사람들의 활동 분야. 정치학을 가르쳤던 김 교수님은 드디어 직접 정계로 나가 정치에 참여했다.
아우르다	to embrace; to encompass **동** 여럿을 모아서 한 덩어리나 한 판이 되게 하다. 이 모든 표현을 아우르는 한 단어가 있을까?
족보	family tree; genealogy **명** 한 가문의 계통과 혈통 관계를 적어 기록한 책. 조선 후기의 많은 족보에 아들이 먼저 기록되고 딸은 나중에 기록되었다.
장자 우선	the oldest son first **명** 첫째 아들을 다른 자녀들에 앞서 특별하게 대우함. 현대 사회에서는 장자 우선이라는 생각이 많이 사라졌다.
효자	filial son; devoted son **명** 부모를 잘 섬기는 아들. 요즘도 주변에서 효자들을 많이 볼 수 있다.
열녀	a woman of chaste reputation; a virtuous woman **명** 절개가 굳은 여자. 조선 시대에는 나라에서 열녀들에게 상을 주었다.
표창하다	to honor; to praise; to award **동** 어떤 일에 좋은 성과를 내었거나 훌륭한 행동을 한 데 대하여 세상에 널리 알려 칭찬하다. 또는 칭찬하는 뜻으로 명예로운 증서나 메달 등을 주다. 나라에서 일 년에 한 번씩 훌륭한 선생님들을 표창한다.
선발되다	to be selected **동** 많은 가운데서 골라져 뽑히다. 그는 노래를 아주 잘해서 오디션에서 선발되었다.
겨루다	to compete **동** 누가 더 힘이 센지, 누가 더 뛰어난지 드러나도록 싸우다. 조선 시대에는 과거 시험에서 실력을 겨루어서 관리를 뽑았다.

소통하다
to communicate
(동) 막히지 아니하고 잘 통하다.
소통을 잘하는 것이 중요한 시대가 되었다.

궁정 문학
court literature
(명) 궁궐에서의 일이나 또는 궁궐 내 지위가 높고 귀한 사람이 지은 작품을 전부 이르는 말.
궁정 문학 작품을 통해 당시 궁궐에서의 생활과 문화를 알 수 있다.

시조
sijo; traditional three-verse Korean poem
(명) 고려 말기부터 발달해 온 한국 고유의 시.
한국의 아름다운 시조를 공부하는 사람들이 많아지면 좋겠다.

사대부
gentry
(명) 벼슬이나 사회적 신분이 높은 집안의 사람.
고려 후기의 사대부는 자연스럽게 조선 초기의 양반층이 되었다.

정교하다
[정교하게]
to be exquisite [exquisitely]
(형) 솜씨나 기술이 빈틈이 없이 자세하고 뛰어나다.
고려 청자는 정말 정교하게 잘 만들어졌다.

독자층
a class of readers
(명) 책, 신문이나 그림 등을 읽는 사람들의 계층.
그 소설가는 독자층이 아주 넓다.

봉건적
being too conservative // conservative
(명) 봉건 제도와 같이 상하 관계의 질서를 중요시하고 근대 이전의 성격을 가지고 있는 것.
(관) 봉건 제도와 같이 상하 관계의 질서를 중요시하고 근대 이전의 성격을 가지고 있는.
아버지는 결혼에 대해서 아직도 봉건적인 생각을 하고 계신다.

속박
restriction; restraint
(명) 어떤 행위나 권리의 행사를 자유롭게 하지 못하도록 강제적으로 제한함.
그는 이 세상이 주는 모든 속박을 싫어했다.

분출하다
to let out
(동) 쌓였던 감정이 한꺼번에 터져 나오다.
요즘 들어 그 사람은 자주 화를 분출한다.

대리 만족

vicarious satisfaction
명 자신이 원하는 목적을 이룬 다른 사람의 성공담, 소설 등으로부터 얻는 심리적 만족감.
가수가 되고 싶었던 부모님은 가수인 나를 보면서 대리 만족을 하셨다.

처지

position; circumstances
명 처해 있는 사정이나 형편.
할머니는 부모가 없는 그 아이의 처지를 알고 불쌍하게 생각하셨다.

푸대접

poor treatment
명 정성을 들이지 않고 아무렇게나 하는 대접.
친구들에게 푸대접을 받았지만 그는 불평하지 않았다.

애용하다

to patronize; to use regularly
동 좋아하여 애착을 가지고 자주 사용하다.
아이패드는 내가 애용하는 물건 중의 하나이다.

표현

N + 에 기여하다, V + 는 데 기여하다 [to contribute to] : 도움이 되게 할 때 사용하는 표현이다.

본문

한편 세종 대왕이 만든 한글은 교육의 기회가 거의 없었던 여성과 천민들이 좀 더 쉽게 지식을 접할 수 있게 해 주었으며, 대중문화를 탄생하게 하여 여성 문인의 배출**에 기여했다**.

- 환경 보호에 조금이라도 기여하기 위해 앞으로 일회용 그릇을 쓰지 않기로 했다.
- 그 정책은 청년들의 실업률을 낮추는 데 기여할 것이다.
- 그의 연설은 우리가 가진 사회 문제를 사람들이 아는 데에 크게 기여했다.

대등한 위치이다(대등한 위치에 있다) [to be on an equal footing with] : 서로 비교하여 높고 낮음이나 낫고 못함이 없이 비슷할 때 사용하는 표현이다.

본문

고려 시대 여성들은 가정에서나 경제 활동에서 남자와 거의 **대등한 위치였다**.

- 우리가 대등한 위치에 있다는 점을 기억해 줘.
- 이번 경쟁에 있어서 모든 지원자는 대등한 위치에 있다.
- 너와 내가 대등한 위치에 있다고 생각한다면 나한테 그런 말을 할 수는 없어.

자리를 잡다 [to be established; to save a seat; to get settled] : 어떤 일에 인정을 받고 확실하게 받아들여지다. 또는 일정한 곳을 차지하거나 살아갈 터전을 마련했을 때 사용하는 표현이다.

📖 **본문**

또한 철저한 부계 중심의 상례와 제례로 인해 여성은 제사에 참석할 수 없게 되었고 더 이상 재산 상속의 대상이 되지 않는 등, 장자 우선의 상속 제도가 **자리를 잡게 되었다.**

- 식당에 먼저 가서 자리를 잡아 줘.
- 그는 스무 살에 고향을 떠나 서울 변두리에 자리를 잡았다.
- 모든 생명을 존중해야 한다는 생각이 크게 자리를 잡고 있었다.

N + 을/를 엿볼 수 있다 [can get a sense; to guess; to infer] : 짐작할 수 있음을 나타낸다.

📖 **본문**

기생을 자주 그린 조선 시대의 유명한 화가 신윤복의 작품에서 그 당시 기생들의 생활**을 엿볼 수 있다.**

- 대화를 통해서 그 사람의 인격을 엿볼 수 있다.
- 영화나 드라마를 통해서 그 시대의 문화를 엿볼 수 있다.
- 사람들의 옷 입는 것을 보면 그 사람의 개성을 엿볼 수 있다.

숨조차 제대로 쉬지 못하다 [to live in great discomfort under oppression] : 어떤 상황 때문에 마음의 여유가 없이 억압될 때 사용하는 표현이다.

📖 **본문**

유교 사회에서 하루 종일 집안에 갇혀 편견과 봉건적인 속박 속에서 **숨조차 제대로 쉬지 못했던** 조선의 여성들은 한글 소설을 읽으면서 억눌렸던 욕구를 분출하여 대리 만족을 하고 잠시나마 지신들의 처지를 잊을 수 있었다.

- 너무나 엄격한 부모님과 살면서 아이들은 숨조차 제대로 쉬지 못했다.
- 시어머니의 간섭 때문에 며느리가 숨조차 제대로 못 쉬고 살아야 했던 때가 있었다.
- 무서운 교장 선생님 때문에 학생들은 학교에서 숨조차 제대로 쉬지 못하고 지내야 했다.

Wrap UP

❶ 고구려의 '형사 취수 제도'가 무엇인지 써 봅시다.

(   ) 제도

❷ 고려 시대 여성의 지위를 잘 설명하는 것을 골라 봅시다. (   )
① 여성들의 재혼은 자유롭지 않았다.
② 여성들은 재산 상속에서 차별을 받았다.
③ 대부분의 고려 사람들은 일부다처제를 따랐다.
④ 여성들은 가정에서 남자와 거의 동등한 위치였다.

❸ 조선 시대 여성의 사회적 지위를 짐작할 수 있는 글로 옳지 <u>않은</u> 것을 골라 봅시다. (   )
① 골품 제도가 운영되었다.
② 상속의 대상에서 제외되었다.
③ 조선은 성리학에 의해 통치되었다.
④ 제사 문화가 장자 중심으로 변화했다.

❹ 조선 시대에 사회 활동이 허락되지 <u>않았던</u> 여성들을 골라 봅시다. (   )
① 의녀   ② 기생   ③ 무당   ④ 양반 여성

❺ 〈보기〉의 책들을 보고 빈칸에 들어갈 알맞은 말을 써 봅시다.

〈 보기 〉

《홍길동전》   《춘향전》   《심청전》

• 이들은 모두 조선 후기에 유행한 (   ) 소설이다.

❶ 형이 죽으면 동생이 그 형수를 아내로 맞는 제도 ❷④ ❸① ❹④ ❺한글

1 삼국 시대의 제도나 기록을 통해 짐작할 수 있는 여성의 지위에 대해 이야기해 봅시다.

Infer and discuss the portrayal of women in each country based on the systems and records from the Three Kingdoms period.

2 고려 시대와 조선 후기 여성의 지위와 삶이 어떻게 달라졌는지 이야기해 봅시다.

Discuss how the status and lives of women changed between the Goryeo period and the late Joseon period.

3 조선 시대 '기생'은 사회적으로 어떤 역할을 했는지 말해 봅시다.

Discuss the role that "Gisaeng" played in society during the Joseon period.

4 탐구 활동

한글 창제가 조선 시대 여성 문학에 끼친 영향을 생각해 보고, 관련 자료를 조사하여 이야기해 봅시다.

Exploratory Activity

Think about the impact that the creation of Hangeul had on women's literature during the Joseon Dynasty and share your opinions after researching related materials.

For Your Information

151쪽

경주 첨성대 ⓒ 문화재청

경상북도 경주시에 있는 천문 관측대인 첨성대는 신라 최초의 여왕인 선덕 여왕 때 만들어졌다. 본래 신라에서는 성골 신분만 왕이 될 수 있었는데, 성골의 남자가 소멸하여 성골 여자였던 '덕만'이 선덕 여왕이 되었다. 선덕 여왕은 첨성대와 분황사, 황룡사 9층 목탑 등을 세우고 김유신과 김춘추 등과 함께 삼국 통일의 기초를 닦았다.

Cheomseongdae Observatory, Gyeongju

Cheomseongdae, an astronomical observatory in Gyeongju, Gyeongsangbuk-do, was built during the reign of Queen Seondeok, the first queen of Silla. Originally, only Seonggol men could be crowned king of Silla, but after their extinction, Deokman, a Seonggol woman, was crowned Queen Seondeok. Queen Seondeok built Cheomseongdae, Bunhwangsa Temple, the nine-story pagoda of Hwangnyongsa Temple, and laid the foundation for the unification of the three kingdoms alongside Kim Yu-sin and Kim Chun-chu.

153쪽

밀양 박익 벽화묘 내부에서 발견되는 여성들 ⓒ 문화재청

경상남도 밀양시에 있는 '박익'의 묘에서 발견된 벽화의 일부분으로, 남녀가 골고루 그려져 있다. 박익은 고려 말의 문신으로, 그의 묘는 조선 초기에 만들어졌다. 고려는 기본적으로 일부일처제 사회였다. 부부의 이혼이 자유로웠고, 배우자와 사별한 후 재혼은 당연하게 여겨졌다. 남자가 여자의 집으로 장가가는 형태의 혼인도 많았고, 상속 또한 아들과 딸을 구분하지 않고 이루어졌다.

Women in Mural Tomb of Bak Ik, Miryang

This picture depicting both men and women, is part of a mural that was found in the tomb of "Bak Ik" in Miryang-si, Gyeongsangnam-do. Bak Ik was a civil official from the late Goryeo Dynasty, and his tomb was built in the early Joseon Dynasty. Goryeo was a monogamous society that freely accepted divorces and remarriages after the death of a spouse. There were many marriages where the men married into the women's house, and inheritances were given without discriminating between sons and daughters.

김홍도, 〈신행길〉 ⓒ 국립중앙박물관

조선 시대 궁중의 화가였던 김홍도가 그린 〈신행길〉이다. '신행길'이란 결혼을 할 때 신랑이 신부 집으로 가거나 신부가 신랑 집으로 가는 길을 말한다. 신부 집으로 가는 신랑 뒤의 여성은 결혼을 중매한 할멈으로, 조선 시대 부녀자들이 외출할 때 얼굴 가리개로 사용했던 장옷을 쓰고 있다.

Shinhaeng-gil **by Kim Hong-do**

This painting is *Shinhaeng-gil* by Kim Hong-do, a painter from the Joseon Dynasty. The term "Shinhaeng-gil" or "Bridegroom's Trip to the Bride", refers to the tradition of the groom going to the bride's house or the bride going to the groom's house when he or she gets married. The old woman behind the groom is the matchmaker who arranged the marriage. She is wearing a 〈jangot〉, a women's clothing item, which women used to cover their faces on outings in the Joseon Dynasty.

신윤복의 풍속화에 등장하는 기생들 ⓒ 국립중앙박물관

조선 시대 서민의 생활을 주로 그렸던 신윤복의 그림이다. 거문고의 줄을 고르고 있는 여인(위의 그림)과 담뱃대를 물고 있는 여인이 기생이다.

Gisaengs in Genre Paintings by Sin Yun-bok

These pictures were painted by Shin Yun-bok, whose art focused on depicting the lives of commonfolk during the Joseon Dynasty. In these two pictures, the women picking the strings of the geomungo and the woman holding the pipe are gisaengs.

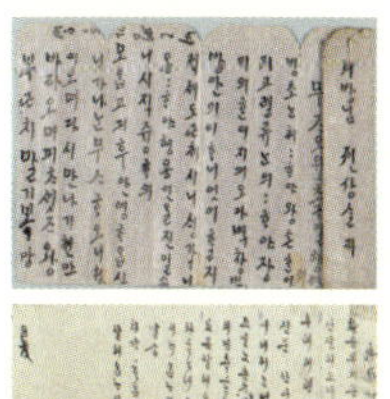
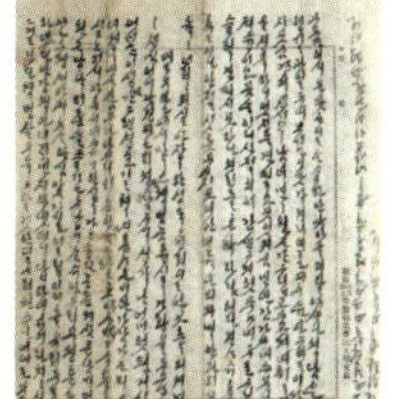

19~20세기(추정) 한글 편지 ⓒ 국립한글박물관

19세기에서 20세기 쓰여진 한글 편지로, 한글은 창제 이후 기득권층이 업신여겼으나 사회 약자층에 의해 널리 사용되었다.

Letters Written in Hanguel during the 19th and 20th Century.

The following three letters are written in Hangeul during the 19th and 20th century. Since its invention, Hangeul was despised by the upper social classes, while widely used by the lower social classes.

154쪽
157쪽
159쪽

7장 문화

Chapter 7　CULTURE

학습 목표

1. 한국 전근대 문화에 대해 서술한 글을 읽고 이해할 수 있다.

2. 한국 전근대 문화적 특징과 문화유산 등에 대한 글을 읽고 이야기할 수 있다.

◇ 한국의 문화 형성에 중요한 영향을 끼친 사건에는 어떤 것들이 있을까요?

◇ 한국 문화에 영향을 끼친 종교와 사상에는 어떤 것들이 있을까요?

◇ 한국을 대표하는 문화유산은 무엇일까요?

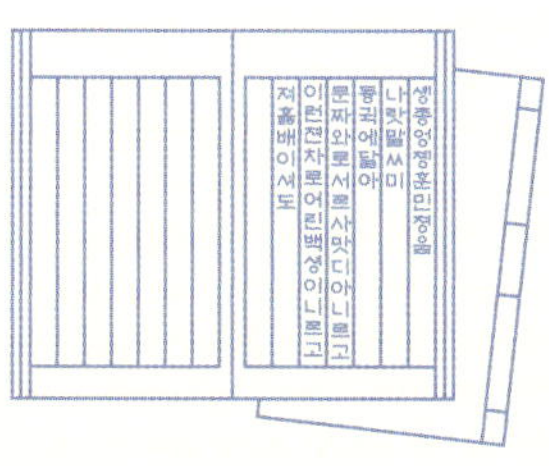

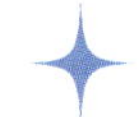

문화의 발달

1 신석기 시대부터 농사를 짓기 시작한 한국은 농경 문화를 바탕으로 한다. 토속 신앙에 따라 비와 풍작을 기원하는 제천 의식 등이 행해졌고, 추석과 같은 명절을 지키는 데에서도 농경 문화를 엿볼 수 있다. 농사는 계절 변화에 민감하기 때문에 24절기를 사용하였으며, 이로 인해 절기에 따른 풍속이 생겨났다.

한편 한반도에 이른 시기부터 있었던 하늘과 조상에 대한 숭배 관념과 새롭게 도입된 불교와 유교는 미술·음악·철학 등 다양한 분야에 영향을 미쳤다. 또한 한글 창제와 인쇄술의 발명 등도 사회에 많은 변화를 가져왔는데, 이러한 사회 변화와 함께 한국의 문화도 다양하게 발전하였다.

- 신석기 시대
  Neolithic Age
- 농경 문화
  farming culture;
  agricultural culture
- 토속 신앙
  folk beliefs
- 추석
  Chuseok, traditional Korean holiday (August 15th in the lunar calendar)
- 민감하다
  to be sensitive
- 24절기
  the 24 seasonal divisions according to the lunar calendar
- 풍속
  custom
- 시기
  period
- 관념
  idea; notion
- 다양하게
  variously; diversely

Q 다음 중 단어에 대한 설명이 **틀린** 것을 골라 봅시다. (   )

① 민감하다: 영향을 미치다.
② 풍속: 그 시대의 유행과 습관.
③ 토속 신앙: 그 지방에 내려오는 고유한 신앙.
④ 추석: 한국의 명절로, 음력 8월 15일을 말한다.

A ①

불교와 유교의 영향과 문학

•빼놓다
  to pick out; to omit

•바탕
  foundation; basis

•철학
  philosophy

•궁중 음악
  court music

•전래되다
  to be handed down

•일본 열도
  the Japanese Islands

•거주하다
  to reside

•전수되다
  (knowledge, skills) to be
  passed down

•전파되다
  to be disseminated

•분황사 모전 석탑
  Stone Brick Pagoda of
  Bunhwangsa Temple

•불탑
  pagoda

•사리
  small crystals sometimes
  found among cremated
  remains of monks, and
  regarded as sacred relics

•경주 황룡사 구층 목탑
  the Nine-story Wooden
  Pagoda of Hwangnyongsa
  Temple, Gyeongju

•화강암
  granite

•익산 미륵사지 석탑
  Stone Pagoda at Mireuksa
  Temple Site, Iksan

•양식
  style

1 한국 문화는 불교와 유교의 영향을 •빼놓고는 이야기할 수 없다. 삼국 시대에 처음 도입된 불교와, 삼국 시대에 와서 본격적으로 수용되고 활용된 유교는 한국 정신문화의 •바탕이 되었고 귀족 문화를 이끌었다. •철학, 윤리, 종교, 정치 이론, •궁중 5 음악 등은 초기부터 귀족 문화에 속했다. 중국에서 •전래된 불교와 유교는 삼국을 통해 일본으로 전해졌고, 불교와 유교뿐만 아니라 다양한 문화와 기술이 •일본 열도에 •거주하던 사람들에게 •전수되었다.

처음 불교가 삼국에 •전파되었을 때는 귀족층 중심으로 발달 10 했고, 이에 따라 불교 예술도 발전했다. 특히 신라는 삼국 통일 이전에 •분황사 모전 석탑을 만들었고 삼국 통일 이후에는 불국사, 불국사 삼층 석탑(석가탑), 다보탑, 석굴암 등을 만들었는데, 지금도 신라의 수도였던 경주에 가면 이들을 볼 수 있다.

삼국 시대의 •불탑은 일종의 무덤 역할을 했는데, 부처나 고 15 승의 •사리를 넣어 두기 위해서 만든 것이었다. 초기에는 목탑이 유행했는데, 대표적인 것으로는 신라의 •경주 황룡사 구층 목탑이 있었다. 후에는 •화강암으로 석탑을 많이 만들었다. 백제의 •익산 미륵사지 석탑은 목탑 •양식을 따라한 석탑이다. 고구려는 주로 목탑을 만들었으나, 지금까지 남아 있는 것은 없다.

경주 분황사 모전 석탑 ⓒ 국립문화재연구소
Stone Brick Pagoda of Bunhwangsa Temple, Gyeongju

익산 미륵사지 석탑 ⓒ 문화재청
Stone Pagoda at Mireuksa Temple Site, Iksan

•짐작하다
to guess

•범종
bell of a Buddhist temple

•음색
tone

•신비하다
to be mysterious

•장식
ornament

•성덕 대왕 신종
Sacred Bell of Great King
Seongdeok

•상원사 동종
Bronze Bell of Sangwonsa
Temple

•금동 연가 7년명 여래 입상
Gilt-bronze Standing Buddha
with Inscription of "the
Seventh Yeonga Year"

•서산 용현리 마애여래 삼존상
Rock-carved Buddha Triad in
Yonghyeon-ri, Seosan

•금동 미륵보살 반가 사유상
Gilt-bronze Pensive Maitreya
Bodhisattva

•소나무
pine tree

•비슷하다
to be similar

•뒷받침하다
to support; to back up

•서민
ordinary person; folk

•유입되다
to be introduced

•후원
sponsorship; support; backing

20 이들 불교 예술은 화려하고 섬세하며 아름다워서, 그 당시 문화 예술의 높은 수준을 •짐작할 수 있다. •범종을 만드는 기술도 발달했는데, 통일 신라의 종은 •음색이 •신비하고 독특하며 •장식이 화려하다. 현재 남아 있는 것 중 규모가 제일 큰 것은 •성덕 대왕 신종(에밀레종)이고, 현재 존재하는 것 중 가장 오래된 것은 25 725년에 만들어진 강원도 오대산의 •상원사 동종이다.

불상으로는 고구려의 •금동 연가 7년명 여래 입상과 백제의 •서산 용현리 마애여래 삼존상 등이 있다. 삼국 시대에는 •금동 미륵보살 반가 사유상이 많이 만들어졌는데, 지금도 일부가 남아 있어 당시 사람들의 뛰어난 예술 감각을 느낄 수 있다. 미륵보살 30 반가 사유상은 미륵보살이 생각하고 있는 모습을 나타낸 불상이다. 일본의 교토 광륭사에도 있는데, •소나무로 만들어졌다는 점이 다르지만 삼국 시대의 금동 미륵보살 반가 사유상과 아주 •비슷하여 한반도에서 일본으로 건너간 사람이 만든 것으로 알려져 있다. 이는 중국에서 전래된 불교가 삼국을 통해 일본으로 전해 35 졌고, 불교뿐만 아니라 다양한 문화와 기술이 당시 일본 땅에 거주하던 사람들에게 전수되었다는 사실을 •뒷받침해 준다.

지배층의 귀족 문화와 •서민 문화는 서로 영향을 주고받기도 하였다. 불교는 삼국에 •유입될 때 왕실의 •후원을 받았기 때문에 자연스럽게 지배층을 중심으로 받아들여졌으나, 통일 신라 시 40 대로 오면서 점점 백성들 사이에 널리 전파되기 시작했다. 이는

성덕 대왕 신종 ⓒ 국립경주박물관
Sacred Bell of Great King Seongdeok

불교 대중화에 힘쓴 •원효 대사의 역할이 컸다. 불교가 유입된 초기부터 토속 신앙인 무속 신앙과 결합되어 백성들이 받아들이기 쉬웠는데, 토속 신앙과 혼합된 불교의 모습은 불교 사원에서 진행되는 굿이나 팔관회 등의 행사에서 볼 수 있다.

45 　지배층의 •지지를 받으며 •세력을 떨치던 불교는 고려 시대로 오면서 많이 •부패했다. 이에 반발하여 나타난 것이 '민중 불교'였는데 이것은 몽골의 •잦은 침입으로 고통받는 대중의 마음을

•원효 대사
the Great Buddhist Monk Wonhyo

•지지를 받다
to be supported by

•세력을 떨치다
to wield power

•부패하다
to corrupt; to rot; to decompose

•잦은
frequent

•어루만지다
 to soothe

•억압을 받다
 to be suppressed

•도심
 downtown; center of a city

•산중으로
 into the backwoods;
 into the mountains

•전성기
 prime; golden age

•이끌다
 to lead; to guide

•토착화시키다
 to nativize; to indigenize

•기원전
 BC. (Before Christ);
 BCE. (Before the Christian Era)

•경전
 scriptures; sacred book

•한시
 Chinese poem; Sino-Korean
 poetry

•창작
 creation; creative work

•임
 one's beloved; one's lover

•표기하다
 to write

•배열하다
 to arrange

•어루만져 주었다. 한편 조선 시대의 불교는 정책적으로 •억압을 받아 점점 •도심에서 •산중으로 밀려났다.

50 조선 시대에는 성리학이 크게 발달했다. 특히 16세기에 •전성기를 맞았는데, 이황과 이이, 이 두 명의 성리학자가 •이끌었다. 이황은 성리학에 대한 정확한 해석을 제공했고, 이이는 성리학을 조선에 •토착화시키는 데 기여했다. 불교의 영향이 미술이나 건축물, 석탑 등 눈에 보이는 문화재에 많이 남아 있는 반면, 유교 55 의 영향은 궁중 제례 음악, 한국 사람들의 생각, 생활 속의 제사 문화, 그리고 가족 규범 등의 관습에서 많이 찾아볼 수 있다.

한편 중국의 한자는 •기원전에 한반도로 유입되었다. 삼국 시대에 전파된 유학과 불교의 영향으로 지배층이 한자로 된 유교와 불교 •경전을 읽게 되면서 한반도는 한자 문화권에 속하게 되 60 었다. 삼국 시대에는 한문학 수준이 아주 높았고 •한시 •창작이 활발했는데, 사랑하는 •임과 이별한 슬픔과 외로움을 노래한 고구려 유리왕의 〈황조가〉, 을지문덕 장군이 수나라 장수 우중문에게 보낸 〈5언시〉 등이 현재 남아 있다.

한글이 창제되기 전에는 한국어를 •표기할 고유의 문자가 없 65 었기 때문에 중국의 한자를 빌려서 사용했다. 그러나 중국어와 한국어는 언어 구조가 다르므로 한국어를 표기하기 위하여 중국의 한자를 한국어 순서로 •배열하는 경우가 많았는데, 이것을 '이두' 또는 '향찰'이라고 했다. 삼국 시대 말기부터 불리던 노래

70 인 향가는 보통 향찰로 기록되었는데, 백제 무왕이 소년 시절에 만들었다고 전해지는 〈서동요〉, 통일 신라의 •승려 월명사가 죽은 •누이를 그리워하며 쓴 〈제망매가〉, 통일 신라의 승려 충담사가 •화랑이었던 기파랑을 •찬양한 〈찬기파랑가〉 등 25•수가 전해지고 있다. 이중에서 〈서동요〉는 가장 오래되었으며 현재 남아 있는 향가 중에서 가장 길이가 짧은 것으로 알려져 있다. 일반 서

75 민들 사이에서는 이야기 형식의 •설화 문학 작품이 말로 전해졌는데, 〈에밀레종〉, 〈효녀 지은〉 등이 그 예이다.

•승려
Buddhist monk (priest)

•누이
sister

•화랑
Hwarang, a warrior of Silla

•찬양하다
to praise

•수
a unit for counting poems or songs

•설화
folktale

Q 다음의 말이 설명하는 단어를 〈보기〉에서 골라 각각 써 봅시다.

┌─〈 보기 〉──────────────────────────────┐
│ 유입되다   세력을 떨치다   후원   잦다   창작 │
└─────────────────────────────────────┘

❶ 뒤에서 도와줌.: ___________

❷ 어떤 곳으로 흘러들게 되다.: ___________________

❸ 어떤 일이 여러 차례로 거듭되는 간격이 매우 짧다.: ___________

❹ 어떤 것을 처음으로 만들어 내는 것.: ___________

❺ 권력이나 힘이 널리 알려지고 드날리다.: ___________________

A ❶ 후원 ❷ 유입되다 ❸ 잦다 ❹ 창작 ❺ 세력을 떨치다

Q 다음 중 문학 장르를 의미하는 단어가 <u>아닌</u> 것을 골라 봅시다. (　　　)

① 설화　　　② 시가　　　③ 한시　　　④ 양식

A ④

한글 •창제와 대중문화의 발전

•창제
invention; creation

•업적
achievement

•백성
subjects; the people

1 역사를 통틀어 한민족의 위대한 문화적 •업적 중 하나는 한글 창제이다. 조선의 세종 대왕은 한자를 배우지 못하는 일반 •백성들이 자신의 생각을 글로 표현할 수 없는 것을 안타까워하여 1443년 한국어를 표기할 수 있는 문자인 한글을 창제했다. 이
5 에는 한자로 된 불교와 유교 경전을 누구든지 배우기 쉬운 한글로 번역하여 더 많은 백성들이 유교 정신을 배우게 하려는 뜻도 있었다. 한글의 등장으로 일반 대중도 글을 통해 다양한 표현을 할 수 있게 되면서 조선의 대중문화에 중요한 변화가 나타났다.

세종 대왕 동상 ⓒ 셔터스톡
Statue of King Sejong

한글은 처음부터 지배층에 받아들여진 것이 아니다. 조선 시
10 대 내내 한자가 한글보다 더 중요하게 •여겨졌고, 한글은 여성이
나 교육을 못 받은 낮은 지위의 사람들이 사용한다는 •인식이 있
었다. 19세기 말까지 주로 낮은 신분을 가진 사람들 중에서 특히
여성들이 •애용했는데, 편지·•전기·이야기·역사 등의 작품을 한
글로 썼다. 최초의 한글 소설은 1612년에 허균이 썼다고 전해지
15 는 《홍길동전》이다. 그 외의 한글 소설은 김만중의 《구운몽》과
《사씨남정기》 등이 있고, •판소리에서 시작되어 •구전으로 전해
진 이야기인 《흥부전》, 《심청전》, 《춘향전》 등 판소리•계 소설도
있다. 한글 작품은 17세기부터 •폭발적으로 늘었고, 17~18세기에
서민들, 특히 여성들에게 많이 읽히면서 한글도 빠르게 보급되었
20 다. 이는 서민 문학이 발달하는 데 •지대한 영향을 미쳤다.

•여겨지다
to be considered

•인식
awareness; recognition

•애용하다
to patronize; to use regularly

•전기
biography; life (story)

•판소리
Pansori (Epic Chant)

•구전
oral transmission

•계
origin; system
[판소리계: Pansori-based]

•폭발적으로
explosively

•지대한
enormous; great

Q 다음 빈칸에 들어갈 말을 〈보기〉에서 골라 문장에 알맞게 써 봅시다.

〈 **보기** 〉

여겨지다　　업적　　폭발적으로　　구전

❶ 그 판소리는 ＿＿＿＿＿＿＿으로 전해져 내려왔디.

❷ 영화 촬영지였던 그 카페는 유명해지면서 손님이 ＿＿＿＿＿＿＿
늘기 시작했다.

❸ 세종대왕의 위대한 ＿＿＿＿＿＿＿은 한글 창제이다.

❹ 겨울 올림픽에서 가장 인기 있는 종목이라고 ＿＿＿＿＿＿＿＿는
것은 피겨 스케이팅과 아이스하키이다.

A ❶ 구전 ❷ 폭발적으로 ❸ 업적 ❹ 여겨지기

한국의 **탈춤** ⓒ 문화재청
Talchum, Mask Dance of Korea

조선 후기 대중문화

1 조선 후기에는 대중(서민)문화가 발달했는데, 오늘날 많이 알려진 전근대 한국 문화들이 그것이다. 대중문화라는 •용어는 현대에는 방송 등의 대중 매체를 통해 대량 생산되는 문화라는 뜻으로 사용된다. 하지만 전근대의 대중문화는 지배층의 고급문화

5 에 반대되는 •개념으로, 평민들의 문화, 즉 서민 문화를 의미했다. 조선 후기는 판소리, •탈춤, •사설시조, 한글 소설, •민화, 그리고 김홍도와 신윤복의 회화로 •대표되는 •풍속화 등의 대중문화가 유행했다. 특히 한국 역사에서 가장 유명한 두 화가인 김홍도와 신윤복은 모두 조선 시대에 국가에서 필요로 하는 그림을 그

10 리던 기관인 도화서의 •화원이었다. 김홍도는 서민들의 삶의 모습과 풍속을 남성적인 굵은 선으로 최소한의 •묘사를 통해 •생동감 있게 표현했고, 신윤복은 여성적이며 섬세한 선과 선명하고 아름다운 •색채로 다양한 사람들의 모습을 표현했다.

19세기에 활동한 신재효는 •향리 출신으로, 판소리를 •체계화

15 했다. 그는 판소리 •명창을 배출하였고, 판소리 이론을 세웠으며, 판소리 열두 •마당 가운데 〈춘향가〉, 〈심청가〉, 〈박타령〉, 〈토별가〉, 〈적벽가〉, 〈변강쇠가〉의 여섯 마당을 다시 정리했다.

탈춤 또는 •가면극은 오래 전부터 있었다. 조선 후기 가면극의 주제는 주로 •파계승에 대한 •풍자, 서민 생활의 어려움, 또는

•용어
term; terminology

•개념
concept

•탈춤
Talchum; mask dance

•사설시조
a form of sijo with no restrictions on the length of the first two verse

•민화
Minhwa; folk painting

•대표되다
to be represented

•풍속화
genre painting

•화원
court artist

•묘사
description; depiction

•생동감
liveliness

•색채
color

•향리
local hereditary clerk

•체계화하다
to systematize

•명창
master singer; great singer

•마당
madang; episode

•가면극
masque; mask play

•파계승
apostate monk

•풍자
satire; lampoon

•관중
audience

•빈터
open area

20 양반 계층과 사회의 부조리를 비웃는 내용이었다. 당시 가면극은 특별한 무대가 없이 많은 •관중이 모일 수 있는 야외의 •빈터에서 공연되었다.

> **Q** 다음 단어와 같은 뜻을 찾아 연결해 봅시다.
>
> ❶ 관중 ① 공연, 발표, 경기 등을 구경하기 위해 모인 사람들.
>
> ❷ 명창 ② 고려, 조선 시대에 한 고을에 대물림으로 내려오던 관리.
>
> ❸ 파계승 ③ 노래를 뛰어나게 잘 부르는 사람.
>
> ❹ 향리 ④ 계율을 깨뜨린 승려.
>
> A ❶-① ❷-③ ❸-④ ❹-②

인쇄술의 발전

•인쇄술
printing technique

•현존하다
to exist

•닥나무
the paper mulberry

•가량
about; almost

•불경
Buddhist scriptures

•밑바탕
foundation; basis

1 　한글과 함께 전근대 한국 최고의 문화적 업적은 불교 승려들에 의해 발전된 •인쇄술이라고 말하는 사람도 많다. 통일 신라 경덕왕 10년(751년)쯤의 것으로 보이는 《무구정광대다라니경》은 불국사의 석가탑에서 발견되었는데, •현존하는 세계에서 가장

5 오래된 목판 인쇄본이다. 이는 •닥나무로 만든 종이에 인쇄된, 전체 길이가 7미터•가량 되는 •불경이다. 이러한 인쇄술의 발달은 후에 고려나 조선 시대의 인쇄술 발전에 •밑바탕이 되었다.

고려 시대에는 세계 최초로 •금속 활자를 •발명했는데, 현재 존재하는 가장 오래된 금속 •활자본은 《직지심체요절》로 1377년 10 에 •제작되었다. 그 이전인 1234년에 금속 활자로 찍어 냈다고 알려진 《상정고금예문》도 있으나 현재 전해지지는 않는다. 고려의 《팔만대장경》은 약 20년에 •걸쳐 8만 개에 •달하는 목판에 인쇄된 불교 경전으로, 당시 고려에서 불교의 권위와 지위를 알 수 있다.

•금속 활자
metal movable type

•발명하다
to invent

•활자본
a printed book

•제작되다
to be manufactured;
to be produced

•걸치다
to span; to cover; to extend;
to range

•달하다
to reach; to come to

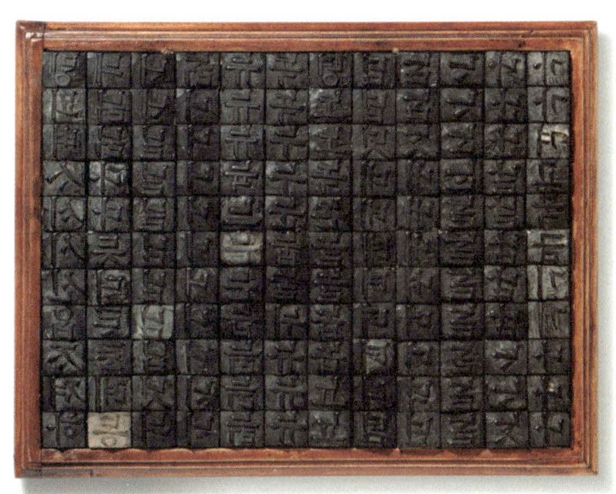

한글 금속 활자 ⓒ 국립중앙박물관
Hangeul Metal Movable Type

*국한되다
to be limited; to be confined

*자본
capital; fund

*축적되다
to be accumulated

*민간
civil; public

*상업적
commercial

*이윤
profit; gain

15 한국의 인쇄술은 일찍부터 발달했지만, 서양에서 인쇄술의 발전이 사회 전반에 미친 영향과 비슷한 사회적인 변화를 일으키지는 못했다. 왜냐하면 당시의 인쇄술은 대부분 불교 경전 등의 출판에 *국한되어 사용되었고, 당시 출판에 사용된 한자는 대중보다는 주로 지배층이 사용했기 때문이다. 이후 한글이 창

20 제될 무렵에는 인쇄술이 더욱 발달되어 있었고, 한자로 한글의 원리를 설명한 《훈민정음 해례본》이 목판으로 인쇄되었다. 특히 조선 후기에 이르러 인쇄술은 본격적으로 대중문화 발달에 기여하였다. 조선 후기 상업의 발달로 *자본이 *축적되고 대중들이 책을 읽는 문화가 자리 잡으면서 *민간에서 *상업적 *이윤을 목적으로 책을 대량으로 인쇄하여 팔기 시작했다. 이를 '방각본'이라고 불렀다.

Q 다음 빈칸에 들어갈 말을 〈보기〉에서 골라 문장에 알맞게 써 봅시다.

〈 보기 〉

가량　　걸치다　　달하다

❶ 보스턴에서 한국까지는 비행기로 14 시간________ 걸린다.

❷ 컴퓨터가 갑자기 꺼져서 거의 10시간에 ________ 쓴 글이 다 지워져 버렸다.

❸ 그가 취미로 모은 병뚜껑은 천 개에 ________.

A ❶ 가량 ❷ 걸쳐(서) ❸ 달한다/달했다

Q 다음 중 그림과 관계없는 단어를 골라 봅시다. (　　　)

① 풍속화　　　② 설화　　　③ 민화　　　④ 인물화

A ②

교육

1   기록에 의하면, 교육 제도는 삼국 시대가 되어서야 마련되었

다. 특히 한반도에 유교가 전래된 것이 학교를 •설립하는 데 결정

적인 역할을 했다.

삼국 중에서도 고구려가 가장 먼저 학교를 세웠는데, 소수림

5 왕 2년인 372년에 '태학'이라는 국가 교육 기관을 중앙에 설립하

였다. 장수왕 15년인 427년에 평양으로 수도를 옮긴 이후에는 지

방에 '경당'이라는 학교가 설립되었다. 태학은 귀족의 •자제들을

대상으로 하여 유교 경전, 중국 고전 문학, 역사 등을 교육하였

다. 그리고 경당은 평민층의 자제들을 교육하기 위해 만들어졌는

10 데, 여러 도시와 지방에 설립되었고 유교 경전과 활 쏘는 법 등을

가르쳤다. 백제의 교육 제도에 대해서는 공식적인 기록이 없지

만 '박사'라는 •호칭이 발견되었기 때문에 백제에도 학교가 존재

했을 가능성이 충분하다고 역사학자들은 추측한다. 신라의 교육

제도는 백제와 고구려에 비해서 조금 늦게 •정비된 것으로 보인

15 다. 신라에는 '•화랑도'라는 청소년 단체가 있어 교육을 담당하

였다. 그리고 삼국을 통일한 후인 682년에는 규모가 커진 나라

를 더욱 효율적으로 •다스리기 위해서 '국학'이라는 •유교식 교육

기관을 만들었다.

고려 시대에는 국가가 •주관하는 교육 기관으로 '국자감', '동

•설립하다
to establish; to found

•자제
someone's child (honorific)

•호칭
title; address term

•정비되다
to be organized

•화랑도
Hwarangdo, the group of
Hwarang, the flower boys

•다스리다
to manage; to govern

•유교식
confucian style

•주관하다
to supervise; to run

김홍도, 〈서당〉 ⓒ 국립중앙박물관
Kim Hong-do, *Seodang*

•기술학
technology

•성균관
Seonggyungwan National
Academy

•명칭
name; title

•중등
secondary

20 서 학당', 그리고 '향교'가 있었다. 국자감과 동서 학당은 고려의
수도(개성)에 있었으며 향교는 지방의 여러 곳에 있었다. 국자감
은 고려 시대의 최고 교육 기관으로 유학과 •기술학을 가르쳤고
(고려 말에 •성균관으로 그 •명칭을 바꾸었다.), 동서 학당은 지금의
•중등 수준의 교육 기관이었다. 향교는 지방 관리의 자제와 일반
25 서민 자제의 교육을 담당하였다.

고려 시대 *사학 기관으로는 '사학 12도'와 '서당'이 존재했는데, 사학 12도는 유명한 유학자들이 관직에서 물러난 후 수도에 세운 학교였다. 이곳을 졸업하고 국가가 주도한 과거 시험에 합격하면 나라의 관리가 될 수 있었다. 한편 서당에서는 서민 자녀
30 등에게 유교 경전 등을 가르쳤는데, 고려가 멸망하고 조선 시대를 거쳐 *일제 강점기가 끝난 후에도 한동안 존재했다.

유학의 *진흥에 큰 관심을 가진 조선 왕조에서도 성균관은 *존속되었다. 조선이 한양으로 수도를 옮긴 후인 1398년에는 성균관의 건축이 완성되었다. *국립 대학이라고 할 수 있는 성균관
35 은 정원이 200명이었으며, 입학한 이들에게는 여러 가지 *특혜가 주어졌다(당시 성균관은 교육 기관인 동시에 *문묘 제사를 지내는 역할도 하였다). 고려 시대부터 존재했던 '향교'는 16세기 중반에 생긴 사학 기관인 '서원' 때문에 점점 힘을 잃기 시작했으며, 서당에서는 평민들을 *비롯한 다양한 계급의 자제들에게 유교 경
40 전과 *더불어 《*천자문》을 가르쳤다. 과거 시험에서 문과를 중요시한 조선 시대에는 아쉽게도 무과 *계통의 교육 기관이 없었다.

*사학
private schooling

*일제 강점기
Japanese colonial period

*진흥
advancement

*존속되다
to continue to exist

*국립 대학
national university

*특혜
special favor

*문묘 제사
a memorial service at a Confucian shrine

*비롯하다
to include

*더불어
together (with)

*천자문
the Thousand-Character Classic

*계통
field; system

Q 다음 단어와 그 예가 맞지 <u>않은</u> 것을 골라 봅시다. (　　　)

① 호칭: 사장, 박사, 실장
② 학문 분야: 기술학, 유학
③ 과거 시험: 국자감, 향교, 서당
④ 교육 기관: 성균관, 국립 대학, 사학 기관

A ③

Vocabulary

어휘

민감하다	to be sensitive 형 자극에 빠르게 반응을 보이거나 쉽게 영향을 받는 데가 있다. 어렸을 때는 유행에 민감한 편이었다.
24절기	the 24 seasonal divisions according to the lunar calendar 명 한 해를 스물넷으로 나눈, 계절의 표준이 되는 것. 24절기 중 밤이 가장 긴 때는 동지이다.
풍속	custom 명 옛날부터 그 사회에 전해 오는 생활 전반에 걸친 습관. 한국에는 설날에 세배하는 풍속이 있다.
바탕	foundation; basis 명 물체의 뼈대나 틀을 이루는 부분. 그 사람은 마음 바탕이 선하다.
철학	philosophy 명 인간과 세계에 대한 근본 원리를 연구하는 학문. 또는 자기의 경험이나 학습에서 얻은 세계나 인생의 근본 원리에 대한 의견이나 생각. 동양 철학을 깊이 공부하기 위해 유학을 결심했다.
전래되다	to be handed down 동 예로부터 전하여져 내려오다. 그 이야기는 사람들을 통해 전래되었다.
전수되다	(knowledge, skills) to be passed down 동 기술이나 지식 등이 전하여지다. 이 요리 비법은 어머니로부터 딸에게 전수되었다.
전파되다	to be disseminated 동 전하여 널리 퍼뜨려지다. 그 소식은 뉴스를 통해 빠르게 전파되었다.

양식	style
	명 시대나 부류에 따라 각기 독특하게 지니는 문학, 예술 작품이나 건축물 등의 표현 방법이나 형식.
	그 건물은 바로크 양식으로 지어졌다.

음색	tone
	명 소리의 특색.
	그 가수는 독특한 음색을 가졌다.

신비하다	to be mysterious
	형 보통의 생각으로는 이해할 수 없을 만큼 놀랍고 신기하다.
	나는 어렸을 때 신비한 우주에 대한 책을 많이 읽었다.

장식	ornament
	명 아름답게 꾸밈. 또는 꾸미는 데 쓰이는 물건.
	그 집에는 장식이라고는 작은 꽃병 하나밖에 없었다.

소나무	pine tree
	명 잎이 바늘처럼 길고 뾰족하며 항상 푸른 나무.
	한국의 산에는 소나무가 많다.

후원	sponsorship; support; backing
	명 뒤에서 도와줌.
	이번 행사는 여러 후원 덕분으로 진행될 수 있었다.

세력을 떨치다	to wield power
	동 권력이나 기세의 힘을 널리 미치거나 알리다.
	그 기업은 세계 각국에서 세력을 떨치고 있다.

잦다	to be frequent
	형 여러 차례로 반복되는 간격이 매우 짧다.
	요즘 들어 손님의 방문이 잦았다.

어루만지다	to soothe
	동 가볍게 손으로 살살 쓰다듬어 주다. 기분이 좋아지도록 달래거나 아픈 데를 감싸 주다.
	반려견을 어루만져 주니 좋아하였다.

억압을 받다	to be suppressed
	동 자유롭게 행동하지 못하도록 강제로 억눌리다.
	나라를 빼앗긴 백성들은 억압을 받았다.

이끌다

to lead; to guide
(동) 목적하는 곳으로 바로 가도록 같이 가면서 따라오게 하다.
그 친구가 우리 모임을 이끌었다.

토착화시키다

to nativize; to indigenize
(동) 어떤 제도나 풍습, 사상 등이 그 지역에 알맞게 변하여 뿌리를 내리게 하다.
많은 선교사들이 기독교 신앙을 토착화시키려는 노력을 하였다.

경전

scriptures; sacred book
(명) 종교의 원리와 가르침을 적은 책.
유적지에서 옛 경전을 발견했다.

한시

Chinese poem; Sino-Korean poetry
(명) 한문으로 지어진 시.
한시를 통해 자신의 생각을 전하기도 했다.

창작

creation; creative work
(명) 예술 작품을 독창적으로 지어냄. 또는 무엇을 처음으로 만들어 냄.
창작은 고통이 따르는 일이다.

배열하다

to arrange
(명) 일정한 차례나 간격에 따라 벌여 놓음.
그는 다 마신 병들을 일렬로 배열해 놓았다.

설화

folktale
(명) 각 민족 사이에 전해 내려 오는 신화, 전설, 민담 등의 이야기.
설화는 소설의 기원이라고 볼 수 있다.

업적

achievement
(명) 어떤 사업이나 연구 등에서 세운 공적.
세종 대왕은 많은 업적을 쌓았다.

여겨지다

to be considered
(동) 마음속으로 그렇다고 생각되다.
노비는 주인의 소유물로 여겨졌다.

인식

awareness; recognition
(명) 사물을 분별하여 판단하고 알고 이해함.
요즘은 서양에서도 한국 문화가 매력적이라는 인식이 생겼다.

구전	oral transmission

명 말로 전하여 내려옴.

한국의 전래 동화는 대부분 구전 동화였다.

지대하다	to be enormous; to be great

형 더할 수 없이 매우 크다.

강 박사님의 연구가 우리 나라에 끼친 영향은 지대하다.

개념	concept

명 어떤 사물이나 현상에 대한 일반적인 지식.

나는 아직도 그 개념이 이해가 안 된다.

대표되다	to be represented

동 전체의 상태나 특징이 어느 하나로 잘 나타나다.

한국의 명감독으로 대표되는 감독 중 한 명은 〈기생충〉의 봉준호 감독이다.

풍속화	genre painting

명 그 시대의 일상과 풍습을 그린 그림.

김홍도의 풍속화에는 서민들의 일상이 생동감 있게 표현되어 있다.

묘사	description; depiction

명 어떤 대상이나 사물, 현상 따위를 언어로 표현하거나 그림으로 그림.

그 작가는 사람들의 심리를 잘 묘사하였다.

생동감	liveliness

명 생기 있게 살아 움직이는 듯한 느낌.

그는 사람들의 생동감 넘치는 모습이 좋아서 자주 재래 시장을 찾았다.

체계화하다	to systematize

동 일정한 원리에 따라서 낱낱의 부분이 짜임새 있게 조직되어 통일된 전체로 되게 하다.

일을 체계화하는 방법을 몰라서 매번 허둥댄다.

인쇄술	printing technique

명 인쇄하는 기술.

인쇄술의 발달로 대중들이 책을 쉽게 구할 수 있게 되었다.

금속 활자	metal movable type

명 인쇄를 하기 위해 금속으로 만든 활자.

세계 최초로 금속 활자를 발명한 나라는 어디입니까?

발명하다

to invent
⑧ 아직까지 없던 기술이나 물건을 새로 생각하여 만들어 내다.
에디슨은 축음기를 발명하였다.

제작되다

to be manufactured; to be produced
⑧ 재료를 가지고 새로운 물건이나 예술 작품이 만들어지다.
이 영화는 작년에 제작되었다.

사학

private schooling
⑲ 사설 교육 기관.
그의 가문은 사학 재단을 소유하고 있다.

진흥

advancement
⑲ 무엇을 널리 알려 기운이나 세력을 활발하게 만듦.
국가적으로 문화 진흥에 힘썼다.

특혜

special favor
⑲ 특별한 은혜나 혜택.
그는 대입 특혜 의혹 때문에 조사를 받았다.

더불다
[더불어]

to do together [together (with)]
⑧ 둘 이상의 사람이 함께하다. 또는 무엇과 같이하다.
더불어 잘 사는 세상을 만들고 싶다.

계통

field; system
⑲ 일정한 체계에 따라 관련되어 조직을 이룬 것.
그 친구는 대조 언어 계통의 연구를 하고 싶어 한다.

표현

N + 의 바탕이 되다 [to be a background/foundation for] : 근본을 이루는 것을 표현할 때 사용한다.

📖 **본문**

삼국 시대에 처음 도입된 불교와, 삼국 시대에 와서 본격적으로 수용되고 활용된 유교는 한국의 정신문화**의 바탕이 되**었고 귀족 문화를 이끌었다.

- 세금은 국가 재정의 바탕이 된다.
- 우정의 바탕이 되는 것은 믿음과 사랑이라고 생각한다.
- 국민들의 평화 시위는 민주주의를 발전시키는 바탕이 되었다.

N + (으)로 알려져 있다 [to be known as] : 어떤 사실이 널리 알려져 많은 사람들이 그렇게 알고 있음을 나타낸다.

📖 **본문**

일본의 교토 광륭사에도 있는데, 소나무로 만들어졌다는 점이 다르지만 삼국 시대의 금동 미륵보살 반가 사유상과 아주 비슷하여 한반도에서 일본으로 건너간 사람이 만든 것**으로 알려져 있다.**

- 그 사람은 비열한 정치가로 알려져 있다.
- 그곳은 폭포가 아름다운 곳으로 알려져 있다.
- 이 백화점은 아주 좋은 물건들이 많은 곳으로 알려져 있다.

마음을 어루만지다 [to soothe mind] : 마음을 위로하다, 마음을 달래는 의미로 사용한다.

📖 **본문**

이에 반발하여 나타난 것이 '민중 불교'였는데 이것은 몽골의 잦은 침입으로 고통받는 대중의 **마음을 어루만져** 주었다.

- 누가 제 아픈 마음을 어루만져 줄 수 있을까요?
- 그는 따뜻한 말로 상처받은 내 마음을 어루만져 주었다.
- 그는 사람들의 마음을 어루만져 줄 수 있는 음악가가 되기로 결심했다.

N + 에 비해서 [compared with] : 앞에 오는 말과 비교해서 어떤 상태나 상황을 이야기할 때 사용한다.

📖 **본문**

신라의 교육 제도는 백제와 고구려**에 비해서** 조금 늦게 정비된 것으로 보인다.

- 체격에 비해서 많이 먹는 편이다.
- 그 배우는 나이에 비해서 젊어 보인다.
- 또래 친구에 비해서 나는 키가 큰 편이다.

Wrap UP

❶ 빈칸에 공통으로 들어갈 말을 써 봅시다.

현재 존재하는 범종 중에 가장 오래된 것은 725년에 만들어진 (　　　　　　　) 동종으로, 강원도 오대산 (　　　　　　)에 있다.

❷ 한글이 창제되기 전에 한국어를 표기하기 위해 사용되었던 표기법은 무엇인지 본문에서 찾아 써 봅시다. (　　　　　　　　　　)

❸ 빈칸에 알맞은 말을 써 봅시다.

한글은 (　　　　　　　)년에 조선의 (　　　　　　　)이/가 창제했다.

❹ 금속 활자에 대한 설명으로 올바른 것을 골라 봅시다. (　　　)
① 팔만대장경은 금속 활자로 제작되었다.
② 고려 시대에 세계 최초로 금속 활자를 발명하였다.
③ 현존하는 가장 오래된 금속 활자본은《상정고금예문》이다.

❺ 다음 인쇄본을 오래된 것부터 순서대로 나열해 봅시다. (　　　,　　　,　　　)
①《직지심체요절》　　　　②《상정고금예문》　　　　③《무구정광대다라니경》

❻ 빈칸에 알맞은 말을 써 봅시다.

조선 시대에 유학 교육을 목적으로 1398년에 설립된 (　　　　　　　)은/는 조선의 국립 대학이라고 할 수 있다.

❼ 조선 후기의 대중문화에 대한 내용 중 틀린 것을 골라 봅시다. (　　　)
① 신재효: 판소리를 체계화함.
② 김만중: 한글 소설《홍길동전》을 씀.
③ 김홍도: 남성적인 굵은 선으로 풍속화를 그림.
④ 신윤복: 여성적인 섬세한 선과 아름다운 색채의 풍속화를 그림.

❶ 상원사 ❷ 이두 또는 향찰 ❸ 1443, 세종 대왕 ❹ ② ❺ ③, ②, ① ❻ 성균관 ❼ ②

1 삼국 시대에 한국-중국-일본이 문화적으로 어떤 영향을 주고받았는지 이야기해 봅시다.

Discuss the cultural influence that Korea, China, and Japan had on each other during the Three Kingdoms period.

2 불교나 유교가 한국 문화에 끼친 영향을 살필 수 있는 문화유산과 그 특징에 대해 이야기해 봅시다.

Discuss the cultural heritage and its characteristics that reflect the influence of Buddhism and Confucianism on Korean culture.

3 한글이 초기에 지배층과 지식인들에게 받아들여지지 <u>않은</u> 이유가 무엇인지 이야기해 봅시다.

Talk about the reasons why Hangeul was not initially accepted by the ruling class and intellectuals.

4 조선 후기에 나타난 대중문화의 특징과 오늘날 한국 문화에 끼친 영향에 대해서 이야기해 봅시다.

Discuss the characteristics of popular culture in the late Joseon period and its influence on contemporary Korean culture today.

For Your Information

177쪽

경주 분황사 모전 석탑 ⓒ 국립문화재연구소

경상북도 경주시 분황사 터에 있는 분황사 모전 석탑은 현재 남아 있는 신라의 탑 가운데 가장 오래되었다. 돌을 벽돌 모양으로 다듬어 쌓아 올린 '모전' 석탑으로, 원래 9층이었다는 기록이 있으나 지금은 3층까지만 남아 있다.

익산 미륵사지 석탑 ⓒ 문화재청

전라북도 익산시에 있는 미륵사지 석탑은 경주 분황사 모전 석탑과 비슷한 시기에 만들어졌다. 한국의 석탑 중 가장 규모가 크다. 원래는 9층으로 추정되나 6층 일부까지만 남아 있다.

Stone Brick Pagoda of Bunhwangsa Temple, Gyeongju

The stone brick pagoda at Bunhwangsa Temple in Gyeongju, Gyeongsangbuk-do, is the oldest surviving stone pagoda from the Silla period. Originally consisting of nine stories, this stone pagoda was built by stacking stones that are shaped like bricks. However, only three stories remain today.

Stone Pagoda at Mireuksa Temple Site, Iksan

The stone pagoda at Mireuksa Temple site in Iksan, Jeollabuk-do, was built around the same period as the stone brick pagoda of Bunhwangsa temple in Gyeongju. It is the largest stone pagoda in Korea. Although it was originally estimated to have had nine stories, only a portion up to the sixth story remains.

179쪽

성덕 대왕 신종 ⓒ 국립경주박물관

통일 신라 때인 8세기에 완성된 범종(절에 매달아 놓고, 대중을 모이게 하거나 시각을 알리기 위하여 치는 종)으로 약 19톤으로 추정한다. '에밀레종'으로 불리기도 한다.

Sacred Bell of Great King Seongdeok

This Buddhist temple bell was completed in the 8th century during the Unified Silla period. It was hung in the temple and was used to gather the public or announce the time. It is estimated to weigh approximately 19 tons. it is also known as the "Emile Bell."

세종 대왕 동상 ⓒ 셔터스톡

1443년 한글을 창제하고 1446년 반포한 세종 대왕을 기려 서울 광화문에는 세종 대왕상이 놓여 있다. 지하 전시실에서 한글 창제 이야기와 《훈민정음 해례본》 등을 만날 수 있다.

Statue of King Sejong

King Sejong the Great created the Korean alphabet, Hangeul, in 1443 and promulgated it in 1446. In honor of King Sejong the Great, a statue in his likeness has been placed in Gwanghwamun Square in Seoul. Behind it is an entrance that leads to an underground exhibition hall where visitors can learn about the creation of Hangeul and see the *Hunminjeongeum Haerye Edition* and other related exhibits.

한국의 탈춤 ⓒ 문화재청

탈춤은 '탈을 쓰고 추는 춤'으로, 사진은 황해도 봉산에 전해지는 탈춤의 모습이다. 한국의 탈춤은 그 우수성을 인정받아 2022년 유네스코 인류 무형 문화유산으로 지정되었다.

Talchum, Mask Dance of Korea

The mask dance performed in Bongsan, Hwanghae-do, showcases the traditional Korean mask dance known as "Talchum." Talchum has been recognized for its cultural significance and was designated as a UNESCO Intangible Cultural Heritage of Humanity in 2022.

한글 금속 활자 ⓒ 국립중앙박물관

한글 금속 활자는 조선 시대 훈민정음의 창제 당시 표기법을 그대로 반영하고 있고, 한국의 뛰어난 인쇄 기술을 보여 주는 유물이다.

Hangeul Metal Movable Type

Hangeul metal movable type reflects the orthographic rules of Hangeul established during the Joseon Dynasty and is a historical artifact showcasing Korea's excellent printing technology.

김홍도, 〈서당〉 ⓒ 국립중앙박물관

조선 시대 궁중 화가였던 김홍도가 그린 서당의 모습이다. 서당은 개인이 세운 사립 교육 기관으로 초등 교육을 맡아 했다.

Kim Hong-do, *Seodang*

This is a depiction of a seodang, painted by Kim Hong-do, who was a court painter during the Joseon Dynasty. Seodang refers to a private educational institution that was responsible for elementary education.

8장 민족의식과 정체성
Chapter 8 NATIONAL CONSCIOUSNESS AND IDENTITY

학습 목표

1. 한국의 민족의식과 정체성에 대해 서술한 글을 읽고 이해할 수 있다.
2. 한국 민족의식 및 정체성과 관련한 글을 읽고 이야기할 수 있다.

◇ 민족이란 무엇일까요?

◇ 한국 사회의 구성원들이 '하나의 민족'이라는 의식을 갖게 된 계기는
무엇이며, 그 과정은 어떠할까요?

◇ 전근대 사회와 비교할 때 단일 민족 의식이 현대 한국 사회에서
어떻게 기능할까요?

단일 민족 개념의 생성

1　'한국의 역사'라고 할 때, '한국'은 무엇을 의미하며, 이 개념은 어떻게 생겨났을까? 언제부터 한민족으로서의 •정체성을 갖게 되었을까? 이 장에서는 한국의 정체성과 한국인의 •민족의식 또는 국민이라는 의식과 정체성의 •형성 •과정을 역사 속에서 찾
5　아보려고 한다.

　　많은 한국인들은 한국이라는 역사의 시작을 기원전 2333년에 세워진 고조선이라고 생각한다. 따라서 한국의 역사를 말할 때 흔히 5천 년 역사라고 한다. 그러나 한국 역사의 시작이 언제인지에 대해서는 •다양하게 생각해 볼 수 있다. 단군이 세운 고조
10　선, 삼국 시대, 고구려가 수나라를 물리친 612년, 통일 신라 시대, 고려의 •재통일, 조선 초기·중기·후기 등이다. 어떤 사람들은 •구석기 시대부터 시작하여 수십만 년의 역사라고 주장하기도 한다. 현재 •보편적으로 알려진 '한국의 역사'는 •근대 •민족주의와 함께 •정립된 개념으로, 한국의 정체성을 단군에서 나온 •단일
15　민족이라는 이야기에 맞추고 있다.

　　한국의 정체성을 이야기할 때 '한국인들은 단군에서 나온 단

•정체성
identity

•민족의식
national consciousness

•형성
formation; development

•과정
process

•다양하게
variously; diversely

•재통일
reunification

•구석기 시대
Paleolithic Age

•보편적으로
universally

•근대
modern times

•민족주의
nationalism

•정립되다
to be set; to be established

•단일 민족
single race; mono-ethnicity

일 민족'이라는 개념을 •빼놓을 수 없다. 단일 민족이라는 개념은 일본 •제국주의 지배 •하에서 나타났다. 이 개념은 마치 한국 민족이 옛날부터 지금까지 다른 민족과는 섞이지 않은 •순수 •혈

20 통을 유지하여 왔다는 것처럼 들리고 또 그렇게 받아들여지기도 한다. 그러나 사실 그것은 가능하지도 않을 뿐 아니라 처음부터 혈통의 •순수성을 강조하기 위한 개념도 아니었다. 민족의 •존립이 위협받는 상황에서 민족의 •단합과 생존을 위한 정체성을 찾는 과정 중에 나온 결과물이었다. 물론 〈단군 신화〉의 '홍익인간',

25 즉 '널리 인간을 이롭게 한다.'는 이념은 •인본주의적 가치를 •중시하는 한국적 •정서로서 •눈여겨볼 만하다.

조선 말기와 일제 강점기를 거치면서 민족주의 역사학자들이 등장하여 한국 민족의 역사를 •서술해야 한다는 의식이 생겨났다. 나라를 잃고 민족이 사라질 수도 있는 위기에서 민족의 뿌

30 리와 역사를 아는 것은 매우 중요한 일이었다. 신채호의 〈독사신론〉(1908년)을 비롯한 글들은 일제 강점기에 민족의식을 •고취하

널리 인간을 이롭게 한다.

는 데 기여했다. 이때만 해도 •순혈주의적인 단일 민족의 개념은
없었다. 이후에 민족주의 역사학자들이 단군을 민족의 •시조로
내세우며 •혈연이 강조된 단일 민족 개념이 만들어지고 널리 퍼
35 지게 되었다.

•순혈주의적인
pure-blooded

•시조
progenitor; forefather

•혈연
blood relation; blood ties

Q 다음 중 시간 또는 시대를 말할 때 사용되는 단어가 <u>아닌</u> 것을 골라
봅시다. (   )

① 구석기   ② 근대   ③ 계몽기   ④ 조선 중기   ⑤ 단합

⑤ **A**

민족과 민족주의

1   사실 '민족'이라는 개념은 근대의 •산물이다. '민족'이라는 단
어에는 •엄격히 말하면 •봉건적인 계급 사회에서는 사용되기 힘
든 •수평적 의미가 담겨 있다. 1905년 이전에는 한국어에서 민족
이라는 단어가 거의 사용되지 않았다. 백성·•인민·•신민·동포
5 등의 단어가 쓰였고, 국가가 국민보다 더 중요하게 여겨졌다.

19세기 서양에서 만들어진 근대 국가는 •민족주의를 바탕
으로 생겨났다. 민족주의는 민족의 •독립과 통일을 최우선으로
여기는 •사상이다. 민족이란 언어, 문화, 혈통, 지역, 관습, 정치,
경제생활, 역사 등의 공통된 •요소 위에 민족의식으로 결합된

•산물
product

•엄격히
strictly; sternly

•봉건적인
too conservative

•수평적
horizontal

•인민
the people

•신민
subjects

•동포
compatriot; countryman

•민족주의
nationalism

•독립
independence

•사상
thought; idea

•요소
element

•공동체
community

•영미학파
Anglo-American school
(school of thought)

•독일학파
German school (school
of thought)

•종족적인
ethnic

•계몽기
the period of enlightenment

•싹트다
to germinate

•공유하다
to share

•말살되다
to be annihilated

•대체되다
to be substituted

10 •공동체라고 할 수 있다. 여기에서 '민족의식'은 정체성에서 아주 중요한 요소이다. 민족에 대한 정의는 •영미학파들과 •독일학파가 각각 다르게 보았는데, 영미학파는 민족 정체성을 다양한 배경의 사람들이 의지적 선택을 통해 얻을 수 있는 것으로 보았다. 그러나 독일학파는 의지적인 선택이 아니라 이미 공통적으로 존

15 재하는 •종족적인 요소를 통해 얻어진다는 것을 강조했으며, 이것은 이후 순혈주의적 단일 민족의 개념으로 발달했다.

이러한 독일식 민족주의는 일본으로 전해졌고, •계몽기 한국의 지식인들에게도 전달되었다. 이것이 한국에서 혈통을 중시하는 민족주의가 •싹트게 된 배경이다. 또한 한국이 같은 지역에서

20 오랫동안 공통의 언어와 문화를 •공유하였으며 민족이 •말살되거나 다른 민족으로 •대체되는 과정을 겪지 않았다는 것도 단일 민족 개념 형성에 영향을 미쳤을 것이다.

Q 다음 짝지어진 단어들이 비슷한 말이면 '비슷한 말'이라고 쓰고, 반대되는 말이면 '반대말'이라고 써 봅시다.

❶ 백성-신민 ______________________

❷ 사상-이념 ______________________

❸ 수평적-수직적 ______________________

❹ 순혈-혼혈 ______________________

A ❶ 비슷한 말 ❷ 비슷한 말 ❸ 반대말 ❹ 반대말

삼국의 •동족 의식

1 　삼국 시대에 세 나라는 본래 하나의 민족이라고 생각했을까? 먼저 혈연적인 •면을 •살펴보면, 백제를 건국한 온조는 고구려 동명성왕의 아들로 같은 부여족이다. 신라와 백제가 건국되기 전에 한반도 남쪽에는 삼한이 있었는데, 마한·진한·변한의 세 나라였

5 다. 이들 삼한에 살던 민족은 •한족(韓族)이었다. 고조선에서 내려간 사람들이 진한 지역에 살고 있던 사람들과 함께 신라를 세웠고, 백제는 한족의 •터전인 마한 땅에 세워졌다. 따라서 삼국은 북쪽의 고조선인·부여족과 남쪽의 한족이 결합하여 세운 것으로 종족적인 면에서 중국•계와는 구별된다.

10 　삼국의 언어에 •관하여 《삼국사기》를 살펴보면, 중국과는 •통역관을 사용했다는 기록이 있지만 삼국 간에는 통역관을 썼다는 •언급이 없다. 이로써 •방언은 있었으나 소통이 가능한 하나의 언어가 아니었을까 추측된다. 신라어와 백제어는 서로 더 비슷했을 것으로 보이고, 이들과 고구려어는 조금 더 달랐을 것으

15 로 여겨진다. 신라의 삼국 통일로 과거 백제와 고구려 땅에 신라어가 쓰이면서, 문화적·언어적 통합이 서서히 이루어졌을 것이다.

•동족 의식
tribalism

•면
aspect; side; face

•살펴보다
to look into; to examine

•한족(韓族)
Korean people

•터전
base; place of living

•계
origin; descent

•관하여
concerning; regarding

•통역관
interpreter

•언급
mention; reference

•방언
(regional) dialect; vernacular; patois

Q 다음 단어의 밑줄 친 부분의 뜻이 다른 하나를 골라 봅시다. (　　　)

① 언급하다　　② 언어　　③ 언덕　　④ 방언

A ③

통일 신라와 단일 민족의식

•흡수되다
to be absorbed

•통합되다
to be united; to be intergrated;
to be combined

•정당성
justification

•부여하다
to grant; to give

•의문
doubt

•하나가 되다
to become one; to unite into one

•묶다
to bind; to bundle up (together)

•기반
foundation; basis

1   어떤 역사학자들은 단일 민족의식이 통일 신라 때 시작되어서 고려 때 완성되었다고 주장한다. 하나의 민족 또는 국가라는 생각은 나라들이 •흡수되고, •통합되었을 때 백성들을 하나로 모으고 새로운 나라의 •정당성을 •부여하기 위해 필요했을 것이

5 다. 통일 신라나 고려 사람들에게 민족의식이 있었는지에 대해서는 •의문이지만, 지역적·정치적으로 •하나가 되어 후대에 같은 민족으로 •묶을 수 있는 •기반을 이루었다는 점에서 통일 신라는 현재 한국의 역사에서 큰 의의를 지닌다. 신라의 삼국 통일, 그리

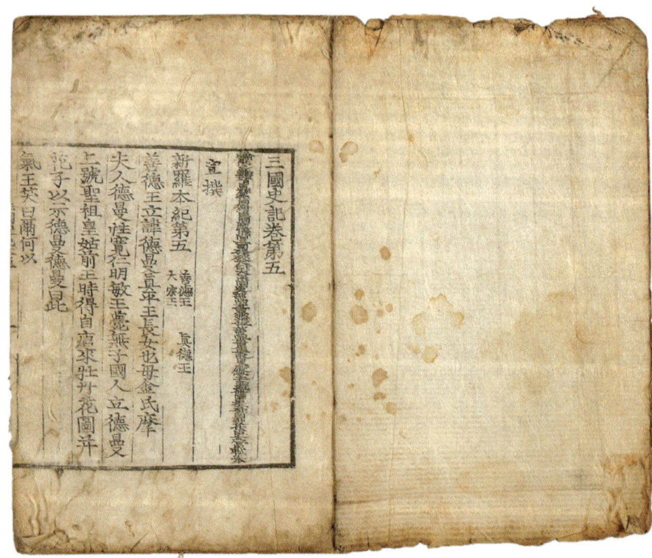

김부식, 《삼국사기》 ⓒ 국립중앙박물관
Kim Busik, *Samguksagi*

고 고려가 *후삼국을 통일한 이후 한반도에서 나라와 왕조는 바
10 뀌었으나 사람들(종족/민족)과 그들이 살아온 터전은 1천 년 이
상 그대로 이어져 내려왔기 때문이다.

아마 1천 년 전 고려 역사가들의 관점에서도 통일 신라는 중
요한 의미를 지녔을 것이다. 신라가 삼국을 '통일'하였다는 개념
은 12세기 고려 때 김부식이 쓴《삼국사기》에 등장한다. 통일 신
15 라 이후 다시 나뉘었던 후삼국을 통합한 고려의 입장에서는 통
일 신라의 *정통성을 *강화하는 것이 곧 고려의 정통성을 강화
하는 것이라 여겼을 것이다.

고려라는 이름이 고구려의 이름에서 온 것을 보면, 고려는 고
구려의 *계승자라는 생각이 있었던 것 같다. 또한 발해가 망했을
20 때 발해의 *유민들을 적극적으로 받아들이고 발해를 멸망시킨
거란을 *경계한 것으로 보아, 고려는 발해도 한 민족으로 생각했
던 것 같다.

*후삼국
Later Three Kingdoms
(Silla, Hubaekje, and Taebong
in the late Unified Silla Period)

*정통성
legitimacy

*강화하다
to strengthen; to fortify

*계승자
heir; successor; inheritor

*유민
people of the fallen country

*경계하다
to watch; to look out

Q 다음 빈칸에 들어갈 말을 〈보기〉에서 골라 문장에 알맞게 써 봅시다.

〈 보기 〉

터전   부여하다   의문

❶ 이 정책이 누구에게 득이 되었는지 ＿＿＿＿＿＿＿이다.
❷ 그 백성들은 전쟁으로 인해 삶의 ＿＿＿＿＿＿＿을 잃었다.
❸ 그 친구가 한 말에 너무 큰 의미를 ＿＿＿＿＿＿＿지 마.

A ❶ 의문 ❷ 터전 ❸ 부여하

고려의 공동체 의식

1 고려가 통일 신라 이후의 후삼국을 다시 통일하면서 하나의 국가라는 개념이 조금 더 •확고해진 것으로 보인다. 통일 신라는 경주를 중심으로 한 귀족 중심의 사회였고, 수도에서 멀리 떨어진 지방에는 중앙 권력의 •통제력이 •미약했다. 결국 후삼국으로
5 다시 흩어졌던 것을 고려의 왕건이 통일하였지만 여전히 세력이 강했던 지방의 호족들을 잘 •다스려서 자신의 편으로 만들어야 했다. 왕건은 호족의 딸 29명과 결혼하여 왕권을 강화하는 한편, 호족들에게 왕의 성을 내려주기도 하고 •본관제를 실시하여 호족들이 자신의 지역에서 영향력을 오래 •행사할 있도록 해 주
10 었다.

왕건의 〈훈요십조〉에는 중국과 지리적·민족적으로 다르므로 애써 중국을 •본받지 말고 고유의 문화를 유지할 것과 •북방 민족의 침입에 대비하여 거란 등을 경계하라고 •당부하는 글이 보인다. 또한 고려는 불교를 국가 고유의 문화로 여겨 불교를 통해
15 •민심을 하나로 모으려고 노력했다. 고려 때에는 외부의 침략이 잦았는데, 아마 이와 •대항해 싸우면서 공동체 의식이 점점 생겨났을 것이다. 예를 들어 몽골의 침략 당시 《팔만대장경》을 만들어 한마음으로 국가를 지키려는 승려들과 지도층의 노력에서 하나의 국가라는 정체성이 보인다.

•확고해지다
  to become firm

•통제력
  control; control power

•미약하다
  to be weak

•다스리다
  to manage; to govern

•본관제
  family origin system

•행사하다
  to exercise; to use

•본받다
  to emulate; to follow

•북방 민족
  Northern people

•당부하다
  to request; to plead; to beg

•민심
  mind of the people;
  public sentiment

•대항하다
  to fight back; to resist;
  to oppose

조선과 민족의식

1　조선 시대에는 중앙 정부의 •행정력이 지방까지 •미쳐서 문화적·언어적·관습적 통합을 이루었다. 조선 초기의 지도를 보면, 지리적으로는 한반도를 조선의 땅으로 표기하긴 했으나 •평안도와 •함경도는 정확히 포함되지 않았다. 세종 대왕 시기에 최윤덕과

5　김종서를 보내 •4군 6진을 •개척히여 평안도, 함경도를 조선의 영토로 확실히 포함하면서 현재 남북한 전체의 영토 모습을 갖추게 되었다.

임진왜란(1592년)과 병자호란(1636년)을 겪으면서 민족 정체성이 강화되었고, 한글의 창제(1443년)와 보급으로 문학과 글을

10　통해 조선 정치 이념인 성리학이 백성들에게 더욱 •효과적으로 전달되었다. 이를 통해 국가와 백성의 개념이 더 •명확해졌으며,

•행정력
administrative ability;
administrative power

•미치다
to reach

•평안도
Pyeongan-do Province

•함경도
Hamgyeong-do Province

•4군 6진
an administrative district
established during the reign
of King Sejong of the Joseon
Dynasty

•개척하다
to pioneer

•효과적으로
effectively

•명확해지다
to become clear;
to become obvious

3·1 운동 기념 부조 ⓒ 서울역사박물관
March First Movement Memorial Relief

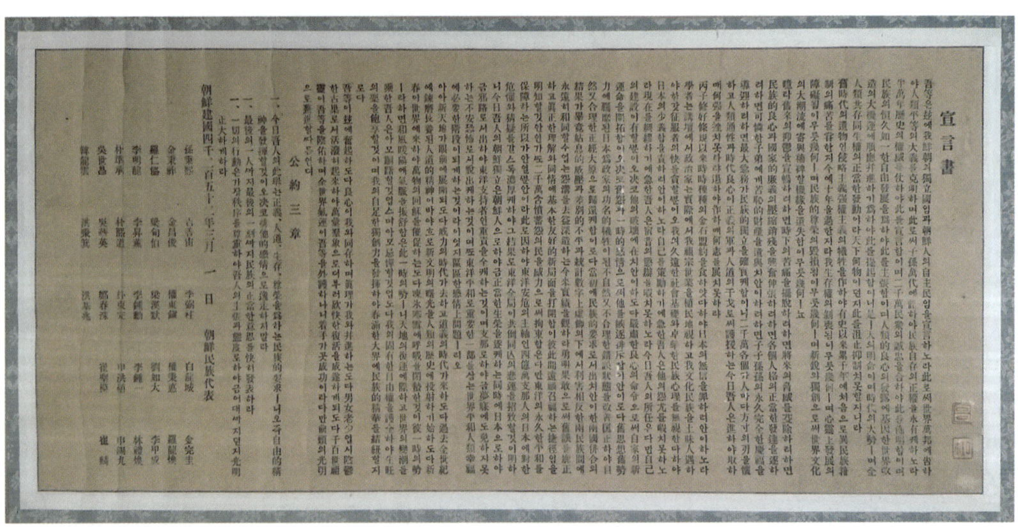

3·1 독립선언서 ⓒ 문화재청
March First Declaration of Korean Independence

이후 신분 질서가 무너지고 일제 강점기를 거치면서 일반 백성들에게 민족의식이 •자리를 잡았다.

15 민족의식은 한국이 •위기에 처할 때 더욱 •명확히 드러났다. 일본에 빼앗긴 나라를 되찾기 위해 국내외에서 독립운동이 활발하게 일어났는데, 전국에서 일어난 •3·1 운동(1919년)을 비롯한 •무장 투쟁 및 •애국지사들의 •저항 운동이 그 예이다. 또한 1907년 일본으로부터 빌린 나라의 빚을 갚기 위해 일반 국민들이 누구의 강요도 없이 돈이나 반지 같은 •패물을 •아낌없이 바

20 치며 독립을 위해 힘을 모았던 •국채 보상 운동에서도 민족의식을 엿볼 수 있다.

•자리를 잡다
to be established

•위기에 처하다
to be in danger;
to be endangered

•명확히
clearly; obviously

•3·1 운동
independence movement
that began on March First,
1919, against Japan

•무장 투쟁
armed struggle

•애국지사
a patriot

•저항 운동
the resistance movement

•패물
jewelry; personal accessories

•아낌없이
unstintingly; unsparingly

•국채 보상 운동
National Debt Redemption
Movement

Q 다음 빈칸에 공통적으로 들어갈 말을 〈보기〉에서 골라 문장에 알맞게 써 봅시다.

┌─〈 보기 〉─────────────
　　　처하다　　　개척하다　　　아낌없다　　　명확하다
└────────────────────

❶ • 내가 지금 ___________ 상황이 너무 힘들다.

　• 위기에 ___________을 때, 정신을 똑바로 차리면 극복할 수 있다.

❷ • 새로운 지역에 가서 그 땅을 ___________였다.

　• 서부 ___________ 시대에, 많은 사람들이 금을 찾아 캘리포니아로 몰려왔다.

A ❶ 처하다, 처했 ❷ 개척하였, 개척

Q 다음 빈칸에 쓸 수 <u>없는</u> 말을 골라 봅시다.

┌──────────────────────────
　• 그 수업이 내 인생에 큰 영향을 ___________________.
└──────────────────────────

① 미쳤다　　② 본받았다　　③ 끼쳤다　　④ 줬다

A ②

Vocabulary

민족주의

nationalism
명 민족의 독립과 통일을 가장 중시하는 사상.
민족주의는 국민, 국가 형성과 관련되어 나타났다.

형성

formation; development
명 어떤 모습이나 모양을 갖춤.
그의 사상은 어머니의 교육을 통해 형성되었다.

과정

process
명 일이 진행되어 가는 동안 혹은 그 사이에 일어난 일.
당신은 과정과 결과 중에 무엇이 더 중요하다고 생각하는가?

다양하다
[다양하게]

to be various [variously; diversely]
형 모양, 색깔, 종류, 내용 등이 여러 가지로 많다.
대학에서 가르치다 보면 다양한 학생들을 만나게 된다.

구석기 시대

Paleolithic Age
명 돌을 깨뜨려서 도구를 만들어 쓰던 가장 오래 전의 석기 시대.
내가 스마트폰을 쓸 줄 모른다고 했더니 그는 마치 구석기 시대 사람을 본 듯한 표정을 지었다.

근대

modern times
명 역사의 시대 구분의 하나로, 중세와 현대 사이의 시대. 한국 역사에서는 일반적으로 1876년의 개항 이후부터 1910년 국권 피탈까지의 시기를 이른다.
근대 사회의 특징 중 하나는 산업화로 인한 자본주의가 발전했다는 것이다.

혈통

bloodline
명 같은 핏줄의 계통.
그는 자신의 가문과 혈통에 대해 자부심을 갖고 있다.

| 존립 | existence |
| | **명** 살아서 남에게 의지하지 않고 스스로 섬. |

우리나라의 존립이 위험에 처하는 것을 보고만 있을 것인가?

| 단합 | unity; solidarity |
| | **명** 여러 사람의 마음과 힘이 하나로 뭉침. |

우리 동아리는 단합을 위해서 1박 2일로 여행을 갔다.

| 정서 | emotion |
| | **명** 사람의 마음에 일어나는 여러 가지 감정. 또는 감정을 불러일으키는 기분이나 분위기. |

그 작품에는 다른 작품에서는 찾아볼 수 없는 독특한 정서와 재미가 있다.

| 서술하다 | to narrate; to depict; to describe |
| | **동** 어떤 사실, 사건, 생각 등을 차례대로 말하거나 적다. |

시험의 마지막 주관식 문제를 반쯤 서술하던 중에 시험 시간이 끝났다.

순혈주의적	being pure-blooded // pure-blooded
	명 순수한 혈통만을 선호하고 다른 종족의 피가 섞인 혈통은 따돌리거나 거부하는 것.
	관 순수한 혈통만을 선호하고 다른 종족의 피가 섞인 혈통은 따돌리거나 거부하는.

순혈주의적인 가치가 강조되는 사회에서 다양성이 피어날 수 있을까?

| 시조 | progenitor; forefather |
| | **명** 한 민족이나 한 집안의 맨 처음이 되는 조상. |

단군은 한국의 시조로 알려져 있다.

| 혈연 | blood relation; blood ties |
| | **명** 같은 핏줄에 의하여 연결된 인연. |

그 사람은 혈연보다 더 가까운 사이예요.

| 공동체 | community |
| | **명** 생활이나 행동 또는 목적을 같이하는 집단. |

우리는 같은 조상의 피를 이어받은 민족 공동체입니다.

종족적	being ethnic // ethnic
	명 어떤 종족에만 있거나 온 종족에 관계되는 것.
	관 어떤 종족에만 있거나 온 종족에 관계되는.

그런 행동은 고유한 종족적 특징으로 볼 수 있다.

공유하다
to share
(동) 두 사람 이상이 한 물건이나 생각 등을 함께 가지고 있다.
우리는 서로의 비밀을 공유하는 사이다.

말살되다
to be annihilated
(동) 있는 것들이 아주 없애 버려지다.
한 종족이 모두 말살될 위기에 처했다.

대체되다
to be substituted
(동) 비슷한 다른 것으로 바뀌다.
기말 시험이 보고서로 대체되었다.

동족 의식
tribalism
(명) 같은 민족이라는 생각.
우리는 동족 의식이 있었기에 전쟁만은 피하고자 했다.

터전
base; place of living
(명) 집터가 되는 땅. 자리를 잡은 곳.
사람들은 전쟁으로 인해 삶의 터전을 빼앗겼다.

흡수되다
to be absorbed
(동) 안이나 속으로 빨려 들어가다. 또는 외부의 것이 다른 것에 받아들여져 속하게 되다.
그 회사는 대기업에 흡수되었다.

통합되다
to be united; to be intergrated; to be combined
(동) 둘 이상의 조직이나 기구 등이 하나로 합쳐지다.
방송국들이 하나로 통합되었다.

정당성
justification
(명) 이치에 맞아 올바른 성질.
자신의 의견에 정당성을 부여하기 위해 증거를 모으기 시작했다.

부여하다
to grant; to give
(동) 사람에게 권리, 명예, 임무 등을 지니게 하거나, 사물이나 일에 가치, 의의 따위를 붙여 주다.
그 사람의 말에 너무 큰 의미를 부여하지 말아라.

기반
foundation; basis
(명) 무엇을 하기 위해 기초가 되는 것.
그의 오랜 경험을 기반으로 문제를 해결했다.

정통성	legitimacy **명** 사람들이 받아들일 수 있는 권력이나 계통의 자격이나 근거. 민주주의 국가의 정통성은 선거에 기반을 둔다.
유민	people of the fallen country **명** 망하여 없어진 나라의 백성. 나라가 망한 후 유민들은 곳곳으로 흩어졌다.
경계하다	to watch; to look out **동** 뜻밖의 사고가 생기지 않도록 조심하여 단속하다. 가족들로부터 받은 상처 때문에 그는 항상 사람을 경계했다.
통제력	control; control power **명** 통제하는 힘(어떤 목적에 따라 행위를 하지 못하게 막을 수 있는 힘). 국가의 통제력이 미치지 못하는 곳이 생길 수 있다.
미약하다	to be weak **형** 보잘것없이 아주 작고 약하다. 지금은 나의 힘이 미약하지만 10년 후에는 달라져 있을 것이라고 믿는다.
본받다	to emulate; to follow **동** 보고 배워서 본을 받을 만한 대상을 그대로 따라 하다. 나는 큰 형을 본받아 부지런히 일하기로 결심했다.
당부하다	to request; to plead; to beg **동** 말로 단단히 부탁하다. 부모님께서 유학 생활 동안 건강을 챙기라고 내게 당부하셨다.
민심	mind of the people; public sentiment **명** 백성의 마음. 백성을 살피지 않는 지도자들로 인해 민심이 나빠졌다.
행정력	administrative ability; administrative power **명** 행정 업무를 수행할 수 있는 능력이나 수완. 그 정부는 인재 등용에 실패하여 행정력이 약해졌다.
미치다	to reach **동** 영향이나 작용 등이 대상에 가하여지다. 또는 그것을 가하다. 집안 곳곳에 어머니의 손길이 미치지 않은 곳이 없다.

개척하다	to pioneer 동 거친 땅을 일구어 농사를 지을 수 있는 땅으로 만들다. 또는 새로운 영역이나 길을 찾아서 처음으로 열어 나가다. 아마존은 인터넷 시장을 개척했다고 평가받는다.
효과적	being effective // effective 명 어떠한 것을 하여 보람이나 좋은 결과가 드러나는 것. 관 어떠한 것을 하여 보람이나 좋은 결과가 드러나는. 자신에게 맞는 효과적 학습법을 찾아 보세요.
패물	jewelry; personal accessories 명 외모를 꾸미기 위해 몸이나 옷에 다는 귀금속 등으로 만든 장식물. 결혼할 때 비싼 패물을 예물로 받았다.

표현

마치 N + 처럼 [like; as if] : 다른 것에 빗대어 표현할 때 사용한다.

📖 **본문**

이 개념은 **마치** 한국 민족이 옛날부터 지금까지 다른 민족과는 섞이지 않은 순수 혈통을 유지하여 왔다는 것**처럼** 들리고 또 그렇게 받아들여지기도 한다.

- 그녀는 마치 천사처럼 환한 미소를 지었다.
- 그가 마치 나를 처음 보는 사람처럼 대했다.
- 그 사람은 자기가 마치 그 가게의 주인인 것처럼(=주인인 듯, 주인인 듯이, 주인같이, 주인인 양) 행동했다.

눈여겨볼 만하다 [to be noteworthy; to be worthy of attention] : 주의 깊게 잘 살펴볼 가치가 있다.

📖 **본문**

물론 〈단군 신화〉의 '홍익인간', 즉 '널리 인간을 이롭게 한다.'는 이념은 인본주의적 가치를 중시하는 한국적 정서로서 **눈여겨볼 만하다**.

- 그가 이번에 새롭게 만든 영화는 눈여겨볼 만하다.
- 올해 새로 나온 소설들 중에서 눈여겨볼 만한 작품들이 많다.
- 범인들이 범죄 현장에 신발을 두고 간 것은 눈여겨볼 만한 사실이다.

N + 에 관하여(관한) [concerning; regarding] : 앞의 내용을 대상으로 하여 뒤의 상황이나 행동이 이루어짐을 나타낼 때 사용하는 표현이다.

본문

삼국의 언어에 **관하여** 《삼국사기》를 살펴보면, 중국과는 통역관을 사용했다는 기록이 있지만 삼국 간에는 통역관을 썼다는 언급이 없다.

- 저는 한국 역사에 관한 책을 많이 읽었습니다.
- 환경 오염 문제에 관하여 토론을 시작하겠습니다.
- 한국어와 여러분의 언어 차이에 관하여 조사해 오세요.

N + 을/를 위해 힘을 모으다 [to work together; to cooperate] : 앞의 일을 위해 협력할 때 사용하는 표현이다.

본문

또한 1907년 일본으로부터 빌린 나라의 빚을 갚기 위해 일반 국민들이 누구의 강요도 없이 돈이나 반지 같은 패물을 아낌없이 바치며 독립을 **위해 힘을 모았던** 국채 보상 운동에서도 민족의식을 엿볼 수 있다.

- 지나가던 사람들이 자동차에 깔린 사람을 구하기 위해 힘을 모았다.
- 지금은 국민들이 어려움에 처한 나라를 위해 힘을 모아야 할 때이다.
- 그 반 학생들 모두가 어려운 일을 당한 친구를 돕기 위해 힘을 모았다.

Wrap UP

❶ 한국인이 공통된 조상이라고 생각하는 사람은 누구인지 써 봅시다.
(   )

❷ 빈칸에 알맞은 말을 써 봅시다.

> (   )(이)란 언어, 문화, 혈통, 지역, 관습, 정치, 경제생활, 역사 등의 공통된 요소 위에 민족의식으로 결합된 공동체이다.

❸ 고려가 발해를 같은 민족으로 생각했던 것으로 보는 이유는 무엇인지 본문에서 찾아 써 봅시다.
(

)

❹ 조선 시대 4군과 6진을 개척하여 영토를 넓히고 현재 남북한 전체의 영토 모습을 갖추게 한 왕은 누구인지 써 봅시다.
(   )

❺ 한국인들이 일본에 빼앗긴 나라를 되찾기 위해 1919년에 한 저항 운동은 무엇인지 골라 봅시다.
(   )

① 금 모으기 운동   ② 삼일(3·1) 운동   ③ 동학 농민 운동

❶ 단군 ❷ 민족 ❸ 고려는 발해의 유민들을 적극적으로 받아들였고 발해를 멸망시킨 북쪽의 거란을 경계했다. ❹ 세종 대왕 ❺ ②

Critical Thinking

(1) 한국 사회에서 단일 민족이란 개념이 어떻게 형성되었는지 이야기해 봅시다.

Talk about how the concept of an ethnically homogeneous nation developed within Korean society.

(2) 한국의 전근대 역사에 기록된 외세의 침략 때마다 한국인의 민족의식이 어떻게 작용했는지 말해 봅시다.

Discuss how the consciousness of Korean nationality among Koreans operated during foreign invasions recorded in Korea's pre-modern history.

(3) 전근대 사회에 형성된 단일 민족의식이 현대 한국 사회에서 어떻게 기능하는지 그 장점과 단점을 이야기해 봅시다.

Discuss how the consciousness of an ethnically homogeneous nation that was formed in pre-modern society functions in modern Korean society, highlighting its advantages and disadvantages.

For Your
Information

206쪽

홍익인간

한국의 고대 국가인 고조선의 건국 이야기를 담고 있는 〈단군 신화〉는 '홍익인간', 즉 '널리 인간을 이롭게 한다.'는 이념을 바탕으로 하고 있다. 한국은 매년 10월 3일을 국경일인 '개천절(하늘이 열린 날)'로 정하여 고조선의 건국을 기리고 있다.

Hongik Ingan (Humanitarianism)

"Hongik Ingan" is a concept rooted in *the legend of Dangun*, which tells the story of the founding of ancient Korea, known as Gojoseon. It embodies the ideology of "benefiting all humanity" or "broadly benefiting mankind." In South Korea, October 3rd is celebrated as "Gaecheonjeol" (National Foundation Day), commemorating the establishment of Gojoseon.

210쪽

김부식, 《삼국사기》 ⓒ 국립중앙박물관

고려 시대 유학자 김부식이 중심이 되어 편찬한 역사책으로, 삼국과 통일 신라의 역사를 기술했다. 현재 전해지는 한국의 역사책 중 가장 오래되었다.

Kim Busik, *Samguksagi*

This history book, compiled by scholar Kim Bu-sik during the Goryeo Dynasty, is a comprehensive account of the history of the Three Kingdoms and the Unified Silla. It is the oldest existing history book in Korea.

3·1 운동 기념 부조 ⓒ 서울역사박물관

1919년 3·1 운동이 시작되었던 파고다 공원(현재의 탑골 공원)에 있는 3·1 운동 기념 부조이다. 3·1 운동은 각계각층의 국민들이 함께한 항일 독립 만세 운동으로 전국 각지에서 일어났다.

3·1 독립선언서 ⓒ 문화재청

1919년 3월 1일에 있었던 3·1 운동에 맞추어 손병희, 한용운 등 민족 대표 33인이 조선의 독립을 선언한 글이다. 조선이 독립국임과 조선인이 자주민임을 선언함으로써 독립의 당위성을 밝힌 선언서이다.

March First Movement Memorial Relief

This is a memorial relief commemorating the March First Movement, located in Pagoda Park (currently known as Tapgol Park) where the movement began in 1919. The March first Movement was a nationwide anti-Japanese independence movement that involved people from all walks of life, which took place in various regions across the country.

March First Declaration of Korean Independence

This is a document in which 33 national representatives, including Son Byeonghee and Han Yongun, declared the independence of Korea, in line with the March First Movement that took place on March first, 1919. By proclaiming that Korea is an independent nation and that Koreans are free citizens, this declaration illuminated the legitimacy of independence.

For More Information

1. 이 뮤지엄
   http://www.emuseum.go.kr/main

2. 각종 박물관
   (1) 국립 경주 박물관
       http://gyeongju.museum.go.kr
   (2) 국립 부여 박물관
       http://buyeo.museum.go.kr/contents
   (3) 국립 김해 박물관
       http://gimhae.museum.go.kr
   (4) 독립 기념관 등
       https://i815.or.kr/

3. 한국 고전 종합 DB
   https://db.itkc.or.kr/

4. 국사 편찬 위원회 한국사 데이터 베이스
   https://db.history.go.kr/

5. KBS 역사저널 그날
   https://program.kbs.co.kr/1tv/culture/theday/pc/index.html

6. 국사 편찬 위원회 한국사능력검정시험
   https://www.historyexam.go.kr/

7. 동북아 역사넷
   http://contents.nahf.or.kr/

8. 조선왕조실록
   https://sillok.history.go.kr/main/main.do

9. 한국 역사 정보 통합 시스템
   https://www.koreanhistory.or.kr/

10. e영상 역사관
    https://www.ehistory.go.kr/

연혁	한국사		세계사	
기원전	약 70만 년 전	구석기 시대 시작	기원전 3500년경	메소포타미아 문명 시작
	약 1만 년 전	신석기 시대 시작	기원전 3000년경	이집트 문명 시작
	기원전 2333년	고조선 건국	기원전 2500년경	인도 문명, 중국 문명 시작
	기원전 108년	고조선 멸망	기원전 753년	로마 건국
	기원전 57년	신라 건국	기원전 492년	그리스·페르시아 전쟁(~479년)
	기원전 37년	고구려 건국	기원전 221년	진(秦), 중국 통일
	기원전 18년	백제 건국	기원전 202년	한, 중국 통일
0~100			25년	후한 성립
			45년	쿠샨 왕조 성립
200			220년	후한 멸망, 삼국 시대 시작
			280년	진(晉), 중국 통일
300	372년	고구려 불교 전래, 태학 설치	313년	로마, 크리스트교 공인
	384년	백제, 불교 전래	320년	굽타 왕조 성립
400	427년	고구려 평양 천도	476년	서로마 제국 멸망
500	527년	신라, 불교 공인	589년	수, 중국 통일
600	660년	백제 멸망	610년경	이슬람교 창시
	668년	고구려 멸망	618년	당 건국
	676년	신라, 삼국 통일	622년	헤지라
	682년	신라, 국학 설립	645년	일본, 다이카 개신
	698년	발해 건국		
700	751년	불국사 건립, 석굴암 창건	710년	일본, 나라 시대 시작
			726년	성상 숭배 금지령
			794년	일본, 헤이안 시대 시작

연혁	한국사		세계사	
800	828년	장보고, 청해진 설치	800년	카롤루스(샤를마뉴) 대제, 서로마 황제 대관
			843년	베르됭 조약 체결
			870년	메르센 조약 체결
900	918년	왕건, 고려 건국	907년	당 멸망
	926년	발해 멸망	916년	거란, 요 건국
	936년	고려, 후삼국 통일	960년	송 건국
	943년	고려 태조, 〈훈요 10조〉 남김		
	956년	광종, 노비안검법 시행		
	958년	광종, 과거제 시행		
	993년	거란의 1차 침입(서희의 담판)		
1000	1019년	거란의 3차 침입(귀주 대첩)	1037년	셀주크 튀르크 건국
			1077년	카노사의 굴욕
			1096년	십자군 전쟁(~1270년)
1100	1107년	윤관, 동북 9성 쌓음	1115년	여진, 금 건국
	1126년	이자겸의 난	1122년	보름스 협약
	1145년	김부식, 《삼국사기》 편찬	1127년	북송 멸망, 남송 시작
	1170년	무신 정변	1185년	일본, 가마쿠라 막부 성립
1200	1231년	몽골의 1차 침입	1206년	칭기즈 칸, 몽골 통일
	1234년	금속 활자로 《상정고금예문》 인쇄	1215년	영국, 《대헌장》 제정
	1236년	팔만대장경 제작(~1251년)	1234년	몽골, 금 정복
	1281년	일연, 《삼국유사》 편찬	1271년	원 건국
			1299년	오스만 제국 성립
1300	1351년	공민왕 즉위	1336년	일본, 무로마치 막부 성립
	1377년	금속 활자로 《직지심체요절》 인쇄	1337년	영국·프랑스 백년 전쟁 시작
	1392년	조선 건국, 고려 멸망	1368년	명 건국
	1394년	한양 천도		

연혁	한국사		세계사	
1400	1443년	훈민정음 창제	1450년경	구텐베르크, 활판 인쇄술 발명
	1446년	훈민정음 반포	1453년	비잔틴 제국 멸망
	1485년	《경국대전》 완성	1492년	콜럼버스, 아메리카 항로 발견
1500	1543년	백운동 서원 세움	1517년	루터의 종교 개혁
	1592년	임진왜란	1555년	아우크스부르크 화의
			1590년	도요토미 히데요시, 일본 통일
1600	1610년	허준, 《동의보감》 완성	1603년	일본, 에도 막부 성립
	1636년	병자호란	1642년	영국, 청교도 혁명
	1678년	상평통보 주조	1644년	청, 중국 통일
			1688년	영국, 명예혁명
1700	1724년	영조 즉위	1776년	미국, 독립 선언
	1776년	정조 즉위	1789년	프랑스 혁명
	1796년	수원 화성 완공		
1800	1801년	공노비 해방	1814년	빈 회의(~1815년)
	1811년	홍경래의 난	1840년	아편 전쟁(~1842년)
	1860년	최제우, 동학 창시	1854년	미·일 화친 조약 체결
	1862년	임술 농민 봉기	1861년	미국, 남북 전쟁(~1865년)
	1863년	흥선 대원군 집권	1868년	일본, 메이지 유신
	1866년	병인박해, 제너럴셔먼호 사건, 병인양요	1884년	청나라·프랑스 전쟁(~1885년)
	1871년	신미양요, 척화비 건립	1898년	파쇼다 사건
	1876년	강화도 조약		
	1882년	조·미 수호 통상 조약, 임오군란		
	1884년	갑신정변		
	1894년	동학 농민 운동, 갑오개혁(~1896년)		
	1897년	대한 제국 수립		

연혁	한국사		세계사	
	1905년	을사늑약	1911년	신해혁명
	1907년	국채 보상 운동	1912년	중화민국 성립
	1910년	1910년 한국 병합 조약(국권 빼앗김)	1914년	제1차 세계 대전(~1918년)
	1919년	3·1 운동, 대한민국 임시 정부 수립	1917년	러시아 혁명
	1920년	봉오동 전투, 청산리 전투	1919년	중국 5·4 운동, 파리 강화 회의(~1920년)
	1926년	6·10 만세 운동	1929년	대공황 발생
	1929년	광주 학생 항일 운동	1931년	만주 사변
	1932년	이봉창과 윤봉길 의거	1937년	중·일 전쟁(~1945년)
	1945년	8·15 광복	1939년	제2차 세계 대전(~1945년)
	1948년	대한민국 정부 수립	1941년	일본, 진주만 기습
1900	1950년	6·25 전쟁(~1953년)	1945년	국제 연합(UN) 성립
	1960년	4·19 혁명	1946년	필리핀 독립
	1961년	5·16 군사 정변	1947년	트루먼 독트린
	1979년	10·26 사태, 12·12 사태	1949년	중화 인민 공화국 수립
	1980년	5·18 민주화 운동	1972년	닉슨, 중국 방문
	1987년	6월 민주 항쟁	1975년	베트남 전쟁 끝남
	1997년	국제 통화 기금(IMF) 구제 금융 신청	1989년	중국, 톈안먼 사건
			1990년	독일 통일
			1993년	유럽 연합(EU) 출범
	2000년	제1차 남북 정상 회담	2001년	미국, 9·11 테러 발생
2000	2002년	한·일 월드컵 공동 개최	2003년	미국·이라크 전쟁(~2010년)
	2014년	세월호 참사	2011년	동일본 대지진
	2018년	판문점 선언		

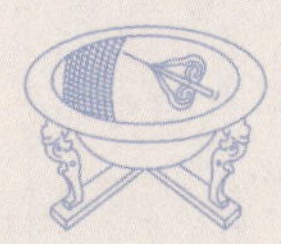

표현